◎知识产权经典译丛

国家知识产权局专利复审委员会组织编译

国家出版基金项目
NATIONAL PUBLICATION FOUNDATION

Vol. 丸岛仪一

佳能知识产权之父谈中小企业生存之道：

将知识产权作为武器！

文雪◎译

知识产权出版社
全国百佳图书出版单位

© 2008 Giichi Marushima
原书名：知财、この人にきく Vol.1
出版社：社团法人发明协会

内容提要

　　本书作者丸岛仪一通过在日本佳能公司从事知识产权管理的亲身经历，讲授关于如何通过知识产权的创造、保护、运用来促进公司事业发展的知识产权工作心得，为在生产型企业从事知识产权实务工作，以知识产权经营为目标的从业者带来有益启示，并能鼓励和指引那些有志从事知识产权这一具有挑战性行业的读者，帮助他们获得成功。

责任编辑：龙　文　　　　　责任出版：卢运霞
装帧设计：沈　明　　　　　装帧设计：李会芳

图书在版编目（CIP）数据

　　佳能知识产权之父谈中小企业生存之道：将知识产权作为武器！／（日）丸岛仪一著；文雪译. —北京：知识产权出版社，2013.1

　　ISBN 978-7-5130-1747-3

　　Ⅰ.①佳… Ⅱ.①丸… ②文… Ⅲ.①中小企业—知识产权—管理—研究Ⅳ.①D913.04

　　中国版本图书馆CIP数据核字（2012）第286139号

知识产权经典译丛
佳能知识产权之父谈中小企业生存之道：将知识产权作为武器！
Jianeng Zhishichanquan Zhi Fu Tan Zhongxiao Qiye Shengcunzhidao: Jiang Zhishichanquan Zuowei Wuqi

〔日〕丸岛仪一　著

文雪　译

出版发行	知识产权出版社有限责任公司	网　址	http://www.ipph.cn
社　址	北京市海淀区西外太平庄55号	邮　编	100081
责编电话	010-82000860转8123	责编邮箱	longwen@cnipr.com
发行电话	010-82000860转8101/8102	发行传真	010-82000893/82005070/82000270
印　刷	北京雁林吉兆印刷有限公司	经　销	各大网上书店、新华书店及相关专业书店
开　本	720mm×960mm 1/16	印　张	10
版　次	2013年3月第1版	印　次	2016年11月第2次印刷
字　数	200千字	定　价	30.00元
京权图字	01-2013-1582		

ISBN 978-7-5130-1747-3/D·1645（4589）

总　序

当今世界，随着经济全球化进程的加快和知识经济的迅猛发展，知识产权制度在国家经济社会发展中的地位和作用日益突出，国家核心竞争力日益表现为对知识产权的创造、应用、管理和保护能力。2008年6月5日，国务院颁布实施《国家知识产权战略纲要》。大力加强知识产权工作，实施国家知识产权战略，成为关系我国经济社会长远发展的一项重大战略任务。

20世纪80年代以来，我国先后制定实施了《专利法》《商标法》《著作权法》等主要知识产权法律制度，并适时加入了各主要知识产权国际公约、条约或协议，如《保护工业产权巴黎公约》《保护文学艺术作品伯尔尼公约》《与贸易有关的知识产权协议》等。从制度建设层面看，我们用不到三十年的时间走过了发达国家百余年的发展历程；在知识产权战略推进、行政管理、司法保护等方面，也取得了举世瞩目的成就，对我国经济社会发展起到了重要作用。然而，长期以来，知识产权保护问题一直是世界知识产权大国向我国施加经济、文化、外交压力的一个重要筹码。一方面，这是各知识产权大国实行知识产权垄断，以知识产权为武器抑制发展中国家的全球战略的组成部分；另一方面，就我国自身而言，与知识产权大国相比，仍存在着制造力有余而创造力不足，自有知识产权资源稀缺，公众知识产权意识不强等实际情况。因此，要建设创新型国家，使我国成为知识产权大国、强国，获得在知识产权领域与知识产权大国平等对话的地位，仅仅靠几部看得见的知识产权制定法和日常知识产权执法工作是不够的，必须同时加强知识产权理论建设，逐步形成崇尚创新、保护知识产权的思想基础，为知识产权制度在我国的切实施行和国家知识产权战略的贯彻实施提供社会文化意识保障。

我们还应当认识到，知识产权工作是"实现中华民族伟大复兴"事业的重要组成部分。要实现民族的复兴，国家的富强，除了埋头苦干、扎实做好自身工作外，还要善于利用古今中外包括知识产权文化在内的一切优秀文化、先进文化来滋养自己、壮大自己。为此，有必要有计划、成系列地从国外精选一批知识产权经典作品，以满足我国知识产权理论研究和实务工作的需要。国家知识产权局专利复审委员会携手知识产权出版社，组织翻译出版《知识产权经典译丛》，是一项很有意义的工作，可以使我国知识产权文化建设迈上一个新台阶。衷心希望通过这套丛书的出版，让我们品味经典，把握现在，开创未来，继而开阔业界视野，叩响社会共鸣，并以此为契机，促进我国知识产权文化的大发展、大繁荣！

田力普

二〇一一年十二月

前　言

　　我记得《发明》月刊编辑部第一次向我提到这本书的企划是在2007年末。"眼下越来越多的企业开始进行知识产权的资本运作，我们是否应该在这股风潮中重新思考一下什么是知识产权？由于强化日本产业竞争力的主力军是中小企业、风投企业，我们能不能请最权威的专家来谈谈中小企业应该如何进行知识产权的经营与管理？"听完编辑部的构想，我立刻举双手表示赞成。尽管由于工作关系长年与生产型企业打交道，但对于利用知识产权的流通来获得利益这种运作方式，我还是感到有些陌生。因此这项企划可谓"正合我意"。而听到"什么是知识产权"这一问题时，我脑中浮现的第一个"答案"便是丸岛仪一老师。

　　毫无疑问，丸岛老师是日本知识产权实务以及知识产权经营方面的巨擘。早在政府提出知识产权强国战略之前，丸岛老师就已经在日本首屈一指的生产型企业佳能公司建立了一支专利管理方面的精锐部队,带领他们成功实施了知识产权战略。编辑部和我一致认为,丸岛老师是本次采访对象的不二人选。当丸岛老师欣然应允我们的请求时,我至今难以忘怀当时的激动心情。

然而,编辑部却给我出了一道难题。既然邀请到了专家中的专家,编辑部希望能对丸岛老师进行深度采访。在此基础上,编辑部希望采访者能把握谈话的方向,在必要的时候甚至能够与丸岛老师进行辩论式的探讨。编辑部将这样一个类似于"询问者"而非单纯"采访者"的重任交给了我。虽然我深知自己能力有限,恐怕难以担此重任。但自1979年(昭和五十四年)涉足知识产权领域以来,我与多家生产型企业合作,在知识产权实务方面尽过一些绵薄之力。此外,对于知识产权从业人员面临的问题和苦恼,我也深有感触。如果能从知识产权界第一人丸岛老师那里得到一些金玉良言,并带给大家一些启示,我责无旁贷。承蒙编辑部邀请,再三考虑之后我决定接受这项艰巨的任务。

关于知识产权制度理想形态的讨论并不少。然而"商场如战场",只有实际参与过知识产权业务竞争,在激烈的"知识产权攻防战"中杀出重围的幸存者才能为我们揭示现实中的知识产权活动是如何围绕制度展开的。本书中丸岛老师将就"成就事业的知识产权""基于生产的知识产权经营"等主题为我们揭示知识产权的本质。至于我是否圆满完成了使命，只有等待各位读者的评判了。不过我相信，丸岛老师所说的每一个字，都将给在生产型企业从事知识产权实务工作，以知识产权经营为目标的从业者带来启示；并且我衷心希望无论是现在还是将来，本书都能鼓舞和指引那些有志从事知识产权这一具有挑战性行业的读者，帮助他们获得成功。

最后，要感谢丸岛仪一老师在百忙之中抽出宝贵时间、耗费大量精力接受我们的采访，为中小企业、风投企业的知识产权经营指明道路。此外，还要感谢《发明》月刊主编原泽幸伸从策划到本书发行的整个过程中付出的大量心血和努力。

OFFICE富冈有限公司 代表取缔役社长　富冈康充

二〇〇八年（平成二十年）三月

目　录

第一章

知识产权的本质
与中小企业的生存之道

第一节　中小企业知识产权

富冈：首先想就 "知识产权的本质与中小企业的生存之道"这个标题请教一下丸岛老师。您倡导的理念是，简单地说 "知识产权部不能只为本部门而工作"，积极地说 "技术、事业、知识产权要协调合作"。我想这一理念也同样适用于中小企业。那么您如何理解中小企业的知识产权这一概念呢？

丸岛：好的。事实上无论对于中小企业还是大企业而言，知识产权的本质都是一样的。要说不同点在哪里，简而言之就是资金规模的区别。要知道，知识产权工作有个特点，为了达到目的必须做足功课，不能有半点懈怠。如果说因为资金不足，做到三分为止，那么最后必然达不到预期的效果。我认为出现这种情况是很可惜的。那么，这里有人可能要提出一个问题，如果确实是缺乏资金，应该如何操作呢？

关于这个问题后面我会详细说明，一个中心思想就是 "他山之石可以攻玉"。因此，首先公司的领头人必须很好地理解知识产权的本质，并在此基础上思考一个问题：如何才能摘得胜利果实？ 这是开展知识产权工作的基础。

那么，为什么说要想达到目的必须做足功课呢？众所周知，专利的本质不是实施权❶，而是排他权❷。既然叫做排他权，大家都只关注自己的专利，却忽略了一个事实：别人的专利同样也有排他权，这样如何"排他"决定一项专利最终能带来多大收益的一个关键因素是，确定该专利有没有受到其他专利排他权的限制。很多中小企业在这个方面功课做得不足。如果想利用专利权来保护关键技术，仅凭申请一个专利是不够的。你申请了专利，结果别人马上申请了一个相关的其他专利，并抢在你前面使用了排他权，最后就可能导致你无法使用自己的关键技术。如何预防这种情况发生？如何才能成功保护自己的技术？应该在哪些方面多下功夫，心有余而力不足的时候要借助外力。这些都是中小企业必须考虑的问题。

如果资金并不充裕，那么靠一己之力是不行的。如果想在力所能及的范围内有所作为的话，我提议瞄准一点集中火力。如果要获得全面胜利，那就需要大量资金作为支持。我觉得这

---

❶ 实施权：是指拥有亲自实施专利发明及授意第三方实施专利发明的权利。
❷ 排他权：是指对在无正当权限的情况下实施专利发明的一方要求其停止专利发明实施的权利。

是最大的问题。❶

但不管怎么说，专利只是一个形式，最终带来收益的是技术本身。专利是保护技术的工具，如果使用方法不当，就无法起到有效的保护作用，使得技术遭他人窃用。我想，中小企业首先应该对专利的本质有这样一个清晰的认识。

另外在中小企业中还有一个普遍存在的问题，那就是签合同的时候，合同的约束力太弱。这里面不仅仅有专利权的问题，还涉及一个技巧问题。你与其他公司结盟，或者有业务往来时，肯定会签合同。如果你看不出一份合同中哪些条款对自己有利、哪些对自己不利，那么合同一旦执行，免不了要吃哑巴亏。因此，我认为对于中小企业而言还有一项重要的本领就是对合同的理解能力以及签合同时的谈判能力。若没有火眼金睛来识破合同中的圈套，最后甜头就都让对方尝了。说实话，当年我在佳能公司靠四人小组❷起家的时候，为了签合同跟不少大公司在谈判桌上交手过。所以我深知大公司有多么强势……（笑）

富冈：不好意思打断一下。请问老师说的是佳能公司还没有成长为大公司时的事情吗？

---

❶ 提出专利申请时要想取得专利权，仅专利印花费一项在提出申请、提交审查、专利登记的过程中平均每项专利需花费20万日元以上。如果请代办人作为代理人的话，还需缴纳一些代理手续费。在日本申请一项专利一般大概要花50万日元以上。
❷ 四人小组：丸岛仪一在佳能公司技术部专利科工作时该部门共有四名员工。

　　丸岛：没错。当时还不是大公司，下属员工大概一千多人吧，就是那种所有人抬头不见低头见，你认识我我认识你的小公司。从那时起我就开始做知识产权方面的工作，其中最让我头疼的就是签合同。所以对在签合同的时候尽可能保证不让自己公司吃亏有多重要，我是深有体会的。例如，跟大公司合作搞研发或者接受外包委托时，如果仔细推敲合同条款，就会发现对方可能会拿走我们的技术。所以很多时候我都会据理力争，向对方表明立场：即使你在资金上给我们好处，也不能拿走我们的技术。更何况，如果不仅仅被骗走了技术，订单还都下到大公司的相关部门名下，而不是下到自己的公司，那就更得不偿失了。

　　富冈：如此一来就跟老师所说的"成就事业的知识产权"背道而驰了。

　　丸岛：正是如此。我最开始提到的"知识产权部不能只为本部门工作"就是这个意思。换句话说知识产权是为成就事业而存在的。我认为一个公司就是它本身的所有事业的集合体。小公司往往只经营一项事业，所以这项事业的成败直接决定公司的存亡。那么对于这样的小公司而言，知识产权就更是成就事业不可或缺的一环。如果只为眼前的蝇头小利所驱动，就很可能会拣了芝麻丢了西瓜。这些道理都经历过无数事实的验证，绝不是纸上谈兵危言耸听。

第二节 用知识产权来成就事业

富冈：那是不是可以认为，佳能公司成立"知识产权法务部"这样一个综合管理知识产权与法律事务的组织结构是将老师您这种"成就事业的知识产权"的理念贯彻到实际的公司管理工作中了呢？

丸岛：当然一部分是因为我的想法，但主要是因为公司内部已经达成了一种共识，大家都认为协助知识产权部的工作将有助于公司事业发展。普通的法务部给人的印象非常严肃，他们的工作就是依法判断正误。当然这也是十分重要的工作，但如果站在知识产权部的角度来考虑的话，就不仅仅需要判断正误，还必须思考：如果不对，应该如何改正。这不是说要去做违法的事情，知识产权部提供的服务就是如何合法地将错误的地方予以改正。仅仅判断对错是无法让事业发展壮大的，知识产权部的最大职责就是把错的变成对的。我认为这也是普通的法务部和知识产权部的根本区别所在。知识产权部存在的唯一意义就是帮助公司成就事业，为此我们要穷尽智慧。

　　这种智慧不仅仅表现为某种可操作的行为。知识产权部的智慧应该用来探讨各种能够使事业发展壮大的方法。我本人一直秉持这个理念，部门扩大后我也用这个理念来指导下属。因此，知识产权部的座右铭就是"成就事业"。这样一来，不知不觉整个公司的氛围都会有所改变，大家会觉得"找他们（知识产权部）比较好"。就我个人的经历而言，一开始合同这一块归法务部负责。结果，渐渐的跟技术有关的工作都落到我们部门头上了。（笑）包括签合同也是，开始是技术类的合同，后来发展到结盟合同，最后以技术为基础的事业合同也都变成我们部门的工作了。

　　此外比较重要的是"连贯性"。如果没有长期发展的眼光，最终也无法得到好的效果。为什么这么说呢？因为无论是研发还是事业，都必须用未来的眼光来对当下进行判断。走一步看一步的话，永远都慢半拍。而这种长远的目光也必须是站在事业发展的角度来进行抉择的。既懂事业，又懂技术，如此知识产权部才能负责任地做好未来的各项工作。换句话说，知识产权部是同时能判断技术走向、事业走向和知识产权走向的综合性工作。

　　知识产权部必须对本部门的工作负责。技术相关的工作由技术部门负责，发展事业是事业项目负责人的职责所在。知识产权部则参与制定战略，我称其为"知识产权能力"。我认为应该在充分衡量"知识产权能力"大小的基础上，制定发展事业的战略。在制定战略的过程中，可以说百分之百会面临一个问题——其他公司的专利会妨碍本公司发展，那么知识产权部的首要任务就是如何在公司事业成形前扫清障碍。

富冈： 也就是说，"智力创造循环的核心"——也就是研发、获得专利、应用，这三个环节必须具有连贯性。

丸岛： 没错。因为事业正是一个始于研发，经商品开发后投入生产，然后进行销售，提供售后服务的大循环。所以要想发展事业，前提就是你得了解事业的整体构架，知道一项事业是如何循环运作的。这样你才会明白在哪个环节取得怎样的专利可以巩固和强化事业的发展。其实获得专利换句话说就是设置参与事业的壁垒。要问对谁设置壁垒，我想大家都心知肚明，那就是本行业的竞争对手。然而，参与到事业中的可不仅限于相同行业的企业。你无法预料哪些公司会参与到你的事业循环中来。如果没有防范意识，不从一开始就保护好自己的专利，最后很可能无助于事业的发展。因此应该让知识产权部对整个循环过程负责。既申请专利，也负责签合同和打官司。只有对整个过程了如指掌，才能明白究竟哪些专利应该申请、应该如何申请。

如果只参与到部分环节中，那么视野就有局限性，这样是无法申请到好专利的。即使是以同一个发明为对象申请专利，也有必要在了解事业循环全过程的基础上，改变申请专利的角度和方法。举个例子，假设自己的公司经营成套业务，那么如果对事业循环有一个宏观概念，就应该意识到，可能参与到该业务中的潜在对手不仅仅是成套业务运营商同行，还包括在售后服务环节提供零部件的企业。对于后者，如果事先不对零部件申请专利保护，那么事后将无法主张受到了直接侵害❶。这样一来，对于同一个发明项目，也不得不考虑如何以零部件为单位申请专利。而所有这些应该申请的专利项目都必须在一开始就考虑清楚。这就要求知识产权部必须对整个事业循环有清晰的认识。

富冈：这样看来对"事业"这一概念的理解是非常重要的。

丸岛：的确非常重要。而且，并不是要你实际去经营事业，你的头脑中对"事业"有正确的理解就可以了。这一点只要有心，还是不难做到的。对于相关的技术也是，不是让你去

---

❶直接侵害：一般的专利侵权，也就是在没有正当权利的情况下实施某专利发明技术范围内的发明，被称为"直接侵害"；没有直接侵权行为，但有为直接侵权做准备的行为或帮助直接侵权的行为、该行为极有可能导致侵权，则称为"间接侵害"（专利法第一百零一条）。例如，对产品A的结构申请专利、获得专利权A的情况下，则生产构成产品A的组成部分之一B的行为不构成对专利A的直接侵害。但，如果生产零部件B的目的不是用于产品A的制造，则该行为可视为对产品A的间接侵害。但，由于间接侵害的举证比直接侵害更加困难，所以正如文中所述，有时需要对B也申请专利，以便必要时可以直接主张直接侵害。

搞创新发明，只是要你明白它是怎么一回事。我想只要花点功夫，谁都可以做到的。如果你硬要说做不到，那只能说明你缺乏这种意愿和意识。所以，只要能认识到理解的重要性，并且自己真心想去理解，谁都没问题的……连我都能做到嘛。（笑）

富冈：老师您太谦虚了。不过您谈到的意识和意愿，还是很好理解的。那么这个连贯性的问题，假如把大企业和中小企业分开来讨论的话，是不是相比之下中小企业更容易做到这种连贯性呢？

丸岛：正是这样。相比之下中小企业远比大企业要更适合这种连贯性模式。风投公司的话就更容易说明问题了。所以说，组织结构小的优势在于一目了然。一目了然就更容易做决策。

大企业呢，大家都是盲人摸象。研发过程也一样，管窥蠡测的情况很常见，这往往会成为企业的硬伤。所以很多人觉得大企业就一定有优势，其实不然。

富冈：那么，在大企业中，除了经理级别的高管有可能了解智力创造循环（研发、申请专利、应用）的全貌，部门负责人基本做不到。

丸岛：并不是做不到。目前我在佳能就让他们这样做了。当然，知识产权部负责人不可能成为事业循环中各个环节的主角。比如，以各项技术为单位任命知识产权负责人，就是让知识产权部的人，在涉及该技术的议案中，当然，最主要的就是申请专利，包括签订专利实施许可合同时，与负责签合同的团队一起工作。如果是诉讼的知识产权负责人，就是让知识产权部的人和负责诉讼的团队一起工作。当然在签合同和诉讼谈判过程中，各部门的主要负责人都会在场，只是通过专利负责人的共同参与合作，来让大企业中的知识产权部也能参与到整个事业循环中。

第三节　知识产权是智力创造循环的核心

富冈：原来如此。您说过企业中的CIPO（知识产权首席执行官）❶需要具备三种素质：（1）能够从发展事业的角度看待知识产权；（2）具备应对智力创造循环中每一个环节的能力；（3）能够成为智力创造循环的核心。您现在所谈的就与这第三种素质有关吧？

丸岛：没错。只有知识产权能够处在这个核心位置。既懂得技术，又理解事业，在此基础上通过知识产权这一手段来促进公司发展。只有知识产权部能够完成这项使命。如果知识产权部没有扮演好自己的角色，那么整个公司就会成为一团散沙，自然无法谋求发展。技术、事业和知识产权如果不能三体

---

❶ CIPO，Chief Intellectual Property Officer，即知识产权首席执行官。在《促进知识产权发展2007计划》中，为了促使知识产权更有效地服务于企业经营，不仅要求企业高层发挥知识产权战略领导力，同时还认可知识产权部门的负责人在经营层面的核心地位，使得从专利、构思、技术秘密、品牌、内涵等多角度来统一制定、实施知识产权战略成为可能。

合一，企业就没有核心竞争力。关于这一点，刚刚我也提到了，小企业虽然只经营一两项事业，大家自然会对事业的各个环节都能全面地去了解和掌握。大企业呢，虽然事业项目繁多，但不同项目之间往往缺乏沟通与合作。这样一来，如果需要一个角色在各项事业间开辟一条沟通的渠道，那么知识产权部就当仁不让了。

企业内缺乏横向交流会怎样呢？这个企业就无法制定统筹性战略。最近有很多大企业，会在各公司的事业部中增设知识产权机构。这样做也许有利于公司事业部的优化和发展，但如果知识产权部成为事业部的下属机构，它就丧失了为整个企业制定统筹性战略的职能。

况且，每一个企业都需要制定统筹性战略。比如与外国企业谈判，都不是以公司为单位，而是整个集团公司与集团公司之间对话。这就需要参与谈判的人对集团公司的整体情况有所了解，有制定统筹性战略的能力。如果只熟悉自己所属的公司，对同一集团其他公司的情况一无所知，那在谈判桌上也不可能有什么好的表现。一旦对方要求以整个集团为单位进行谈判，那么就算临阵磨枪也还是会底气不足。因此，平时就应该对自己集团公司、对方集团公司的优势、劣势有所了解，确保能够制定统筹性战略，否则在谈判中就占不了上风。

经营任何一项事业都不是唱独角戏，总有人是你的竞争对手。你要打败你的竞争对手才能获得更多的利益。为此，仅仅在客观上做好自己的知识产权工作是远远不够的。如果你不比对方做得更好，你就无法获胜。简而言之，任何时候你都要比竞争对手强。为此，就要随时做到知己知彼。平时做足功课就能够及时扫清阻碍事业发展的障碍。

比如说，平时留心抓住对方的把柄（比如对本公司专利的侵权事实），积攒起来，到关键时刻（比如对其他公司专利造成侵权）可以用来化解本公司的危机。这才是有助于事业发展的做法。如果一揪住对手的小辫子就趁机敲竹杠，赚是赚了一笔，但从长远来看并没有成为事业发展的优势。

上述这种做法就不利于企业的可持续发展。我认为知识产权部如果不以事业发展为重，而是利欲熏心、目光短浅，最终被排挤在事业发展循环之外，那它就没有为企业尽职尽责。只有当知识产权部的工作在事业发展中体现出价值，事业发展才会如虎添翼。如果反其道而行之做独行侠的话，知识产权部是不可能为企业作出什么贡献的。

富冈：这就是您提到的"出风头的知识产权"的弊病所在？

丸岛：没错。如果只是想出风头的话，那我也乐得轻松。（笑）无视事业发展，一心想赚钱的话，赚个钵满盆盈又有何难？但不是这个理。知识产权部的本职工作在于促进事业发展，赚钱只是顺便而已。

富冈：也就是说，只能作为一个"结果"而不能当作"目的"。

丸岛：不能当作目的。并不是说不可以赚钱，但是如果把赚钱当作目的，当做一切行动的总指挥，是不会有益于事业发展的。但是最近有一种风气盛行，就是为了提高部门工作业绩而拼命开源节流，这也许是成果主义的弊端吧。我还是认为知识产权部的本职工作是放眼长远、立足当下，考虑如何才能使企业和事业发展壮大。

富冈：听了您的一席话，不由觉得无论是事业还是知识产权都需要经营，"经营"是一个很重要的关键词。正因如此，才不能鼠目寸光、急功近利。

第四节　知识产权的贡献度和两个参与壁垒

富冈：那么，我们应该如何看待知识产权活动的成果，也就是知识产权对事业发展的贡献度呢？

丸岛：我认为，企业的事业发展之所以能取得成功，离不开知识产权的贡献。如果想要在全球范围内扩大事业，就必须处理好知识产权的问题。如果缺乏预防措施，没有事先为事业发展扫清障碍，是绝对无法成功的。因此才说知识产权的贡献对于事业成功而言是必不可少的。或者也可以这么理解，如果事业没有取得成功，那么知识产权的成功也无从谈起。

申请专利时也一样，脑中必须非常明确这项专利将用于何处。因此，不是多少的问题，而是意识问题。非常重要的一点是从最开始就明确这项专利申请下来后的用途，然后有的放矢地进行操作。但这并不是说"知识产权工作的数量越少越好"，这个理论听上去蛮奇怪的。（笑）不搞事业的人，可以不计较数量。好比大学老师，只要申请到最基本的一件专利，就可以通过行使排他权获得专利使用费，这是可行的。但如果从发展事业的立场出发，则越是基本的发明越需要考虑相关的周边开发，否则可能会被竞争对手抢先申请到周边专利或改良专利。

所以，仅靠给大学老师的发明申请一件专利，并通过技术转移（TT）❶ 获得基本的专利许可，恐怕很难成就事业，这就是专利的世界里最严峻的事实。越是好的发明，为了将其运用到事业发展中，越要不断进行技术研发，申请相关的周边专利，以保障事业的发展免受他方干扰，做不到这一点就很难成功。

富冈：这就是指在基本专利的周边设下屏障，采用所谓的"专利组合"战略吧？

丸岛：没错。具体而言分两个方面，一是对自己所用的技术设置参与壁垒，另一方面是对自己的事业设置参与壁垒。事业的参与壁垒是指自己不用的技术。也就是说，对使用替代技术的竞争对手也必须加以防范。

我们以铅笔为例。假设铅笔是圆柱形的，那么这种铅笔的缺点是会骨碌骨碌地滚动。于是呢，老板就说要开发一种不会滚动的铅笔。研发人员想了很多方案，其一是将铅笔设计成三角柱形，这样一来铅笔就不会滚动了，那么就申请专利吧。接

---

❶ Technological Transfer，技术转移。

下来，又拿出一个方案，把铅笔的截面设计成方柱形，这样握起来手感更好，这个也申请专利。然后发现设计成六角柱形更好，又申请一件专利。如此一件件地申请专利，可以有无数种方案。但不妨用一种技术性思维，考虑怎样的截面形状可以使铅笔不滚动，考虑怎样申请专利可以获得最大的权利？如果不用这种系统性的思维方式，则很难设置技术参与壁垒。刚刚提到的方案都是增加铅笔截面形状的角的个数，但如果将截面设计成椭圆呢，这样铅笔也不会滚动。考虑到这一步，通过截面形状来决定怎样申请专利，以此来设置技术的参与壁垒。

当企业从截面形状着手将"不会滚动的铅笔"事业化之后，竞争对手将考虑不改变截面形状使铅笔不滚动的方法，比如改变铅笔的重心位置。总之只要改变视角，方法有很多。如果不考虑全面，就会给竞争对手留下分一瓢羹的可乘之机。如果能够将竞争对手可能使用的替代技术也抢先申请专利，就可以阻止其参与到事业中来。因此，技术参与壁垒与事业参与壁垒二者缺一不可。有了这两道屏障，就能帮助自己的事业发展壮大。

第五节　知识产权要从源头做起

富冈：像您刚才谈到的这些想法，恐怕负责技术研发的技术部门本身不一定能考虑得如此全面。只能由知识产权部的负责人从专利的角度出发，对技术的应用前景进行充分预计，然后与技术部门沟通，探讨各种可能性。"这样如何？""如果这么做的话可能会被抄袭，有漏洞……"经过这样的交流，形成一个宏观的技术构思。可以这么理解吧？

丸岛：没错。所谓"知识产权要从源头做起"正是指的这个意思。如果知识产权部从一个新的发明问世时起就参与其中，那么技术部门就能及时给予支持，可以对知识产权部的各种设想提供建议，这种初期的合作是非常重要的。由于优先申请制度的存在，我想谁都想早点提出专利申请，但从一开始就制定战略使权利最大化才是最重要的。如果忽略了这一步骤，一旦专利公开，或是提出申请之后写成论文，很快会有竞争对手介入。不仅如此，难得开发出一项好技术，很可能在事业化的进程中受到阻挠而夭折。因此，"占得先机也不可麻痹大意"，稍一疏忽事业发展就会受到阻碍。"未抢到先机也不必退缩"，只要在之后的过程中先发制人，一定能把局面扳回来，甚至发展得更好也不是没有可能。这就是专利的世界。

富冈：您刚谈到的内容，比如当技术部门提出了一个发明构想，知识产权部将如何进行修改和调整，其实是与知识产权部的立场有关吧？

丸岛：正是如此。所以，如果将发明构思原封不动拟成文件拿去申请专利，就不是真正意义上的权利最大化战略部署。

就算你把发明草案中的语法错误一一订正过来，或许你自己觉得这就是修改，但这并不是问题的关键。发明一旦形成了具体的条例草案就无法修改了。真正的修改是要在制成具体草案前进行战略性规划的。

富冈：必须形成一种理念。

丸岛：没错，所以必须从源头做起。

富冈：说到这个，我们知道佳能的知识产权体系中有一个职位是"联络人"（Liaison man）。那么对于"联络人"这个角色的定位与"知识产权要从源头做起"这一理念有何关联呢？

丸岛：现在已经没有联络部了，我把它统合到知识产权

部了。过去的联络部主要负责研发部与知识产权部之间的沟通
工作。我们知道知识产权部的工作主要是对外的，比如跑专利
厅，跟其他公司谈判或者跟专利事务所联系等。但与此同时，
与发明者本人之间的沟通也是十分重要的。遵循刚刚提到的战
略性权利最大化方针，这项工作也由知识产权部负责。那么联
络部究竟是做什么的呢？联络部负责向知识产权部提供所需情
报，并在公司范围内探讨具体的技术方向及相关事宜。当然这
项工作需要随时保持与知识产权部的沟通与协调。但最具战略
性的工作，比如实现权利最大化，或是如何进行活用，还是由
知识产权部负责。

　　然而，本来这些工作是不应该被分割开，是应该统合成为
一个整体的。同一个人不仅负责知识产权方面的本职工作，如
实现战略性权利最大化等；同时还应该发挥联络人的作用，这
是最理想的状况。即使由于公司组织机构繁杂无法让同一个人
胜任全部工作，也应该朝着这个方向努力。就这一点而言，中
小企业具有很大的优势。

第六节　中小企业的优势

富冈：也就是无论如何都要实现这种一贯性。（笑）

丸岛：正是如此。（笑）掌握全盘，在这个层面上来讲完全是有利的。不利的地方是，因为企业小就认定企业脆弱，并且，因为缺乏资金就认定会输。我与美国的某风投公司接触了很长时间，这个风投公司老板的经营意识非常好，与此同时对技术和知识产权方面也非常了解。即使签一份小合同，他都要亲自认真地参与。因此，无论是日本的风投公司，还是中小企业的老板，如果都像这位美国风投公司的老板一样熟知技术和知识产权知识的话，就不存在企业脆弱一说了。

富冈：正所谓，中小企业的老板代表了公司的事业。

丸岛：是的。像这种三位一体的活动全都集中在一个人的身上了，（笑）没有比这个更强大的了。因此希望日本的中小企业的社长也能做到这样。如果自己能力有限，那么找个得力参谋放在左右即可。三位一体的活动都能由一个人都做的话当然是最好的，但是随着企业规模变大，最后一个人肯定无法完全胜任，所以还是有必要请个参谋。

因为公司规模小，所以大家都认为会输给大公司。这种想法不无道理，但说到究竟为什么不敌大公司的话，如前所述是因为没有认真理解其本质，没有积极主动去遵循本质所致。因此要理解知识产权的本质，该遵循的地方就要遵循。不彻底做到这些的话是无法获胜的。为此必须竭尽全力，否则就会逐渐失去原有的优势。

富冈：只要能通过知识产权保护好技术，中小企业应该可以在大企业面前充分地展示自身的存在价值。

丸岛：确实是这样。了解的人应该知道，在大企业与中小企业商谈过程中，大企业经常提出很多明显无理的要求。如果任由其提出这些无理要求的话，就会正中其下怀。如果在某些关键点上遭到中小企业的反驳，大企业也会刮目相看，下次就不敢随便乱来了。那样的话，不就能进行平等的商谈了吗？但是那时，真正的优势是拥有强大的技术。因此，只要具有优良的技术就谈不上弱势，甚至可以说是具有优势。所以只要手握优良技术，就有底气了。重要的是智慧，仅此而已。

有些人认为中小企业虽然有优良技术优势，但终究会被击败被淘汰，我不得不说这些人的智商和对知识产权方面理解都有欠缺。

富冈：俗话说"吃一堑，长一智"，您认为这个观点怎么样？

丸岛：我经常会听到这句俗语，但是我认为"绝不允许这种情况发生"。很多人都说"失败了也挺好的"这样的话，作为结果来讲失败了是很无可奈何的事情。不经历失败就能成长难道不好吗？我就是以"不经历失败就能成长"的姿态一直走到今天的。

富冈：这才是智慧啊。

丸岛：对的，这才是智慧。不经历失败就不能成长，对公司内部传达这种意识形态是非常不好的，必须形成"不失败也能成长"这种观念。即使秉持观念也还是会失败的，总会有小过失的。以小过失为教训，提醒自己"不要再次失败了"，通过这种方式完成自我成长以跨过那道障碍，这是很重要的。我自信在大体上没有犯过什么错误，但是在小地方也经常失败。可是我并没有轻视那些小失败，反而不断地反省为什么会失败，并且思考如何不再出现相同的错误，这些是非常重要的。

富冈：在积累经验的层面上有一点，比如说，像丸岛先生所在的佳能公司这样的大企业与小企业比较的话，是不是小企业积累经验的机会比较少呢？

例如，无论是在行使权利的场合，还是被行使权利的场合，都是通过经验来储备知识得以发展的。这样说来的话还是大企业的机会比较多。从中小企业的立场上来讲，还是应该不断地重复模拟，不断努力积累经验，这点是非常必要的。

丸岛：的确如此。那么是不是不亲身经历的话就不能积累经验呢？未必是这样。琢磨别的事件，"是在这样的情况下变成那样的啊，所以我不能那样做"，这样的话即使自己不经历，通过研究他人的经验，以此为借鉴也是行之有效的办法。

富冈：借鉴他人经验也是可行的啊？

丸岛：这也是没有办法的，因为不可能有经历所有事情的机会。所以只要了解基本的话，遇到这样的事马上能够拿来用在自己身上以此为借鉴，以此来增长经验。这是要日积月累坚持不懈才能做到的。因此未必非要自己亲身经历不可，通过研究发生在别人身上的事情，把它变成自己的东西。❶

富冈：将别人的经验变成自己的东西，这种智慧涵盖了先生您所说的"进攻型知识产权和防守型知识产权"的两方面吧。

丸岛：是的，两方面都涵盖了。我是这么认为的：没有进攻和防守的话就不能赢，少了其中任何一方面都不可能赢，所以不达到进攻和防守的均衡是不行的。

---

❶ 知识产权方面的诉讼案例，可以通过法院网站上的诉讼检索系统查询了解。http: //www.courts.go.jp 。

富冈：这一点上，大企业和中小企业是相同的吗？

丸岛：是相同的。要说到大企业和中小企业本质上的不同点的话，风投公司是个最好的例子，可以认为风投公司能够损失的东西比较少。即使输了，但是由于企业小，损失就少。这种情况下，往往就比较容易采取积极主动的进攻姿态。反过来说，大企业的话，由于事业庞大，假使要通过诉讼来解决问题的话，一旦输了对其的损害是巨大的；而且，没有什么比诉讼更缺乏预见性了；并且，像我之前提到过的知识产权的相对强弱性，一旦拿到诉讼当中就不起作用了。

比如，相对大企业的一百件专利，中小企业哪怕只有一件专利，只要大企业因为使用这一件专利被提起诉讼，就必须支付可观的损害赔偿。而大企业自身即使拥有一百件专利，如果对方的事业规模比较小的话就基本上拿不到损害赔偿。因此，到了关键时刻横下一条心说"那就法庭上见吧"，这其实对那些拥有大规模事业的公司是最有杀伤力的。所以这些拥有大规模事业的公司在其他层面上或许拥有优势，但在知识产权层面上其实是弱势群体。因此如何在日常事务中防止这种弱点不被攻击，这是大企业需要采取的预防方法。

所以，对于风投公司和中小企业，与其这样被动防御，不如主动进攻为佳。从这种观点出发，攻击对方的弱点，借他山之石结成联盟来弥补自身如资金不足，人才缺乏等的不足，这样不是也挺好的吗？因此，自己能应付的自己来解决，自己不能应付的就想办法与对方结盟如何？何必自己来解决全部的问题呢？抱有"结盟的话必定失败"这种观点的人也大有人在，这种想法是不对的。只要结盟双方之间是对等的关系不就没问题了吗？甚至在结盟中占据优势地位也不是不可能的，如果拥有好的技术的话。

第七节　谈判能力与合同约束力

富冈：想要在结盟合作中占据优势地位，是不是跟像丸岛先生刚才所说的合同有关呢？在这种结盟中，如何促进有利于自己的商谈，如何签合同就应该成为一个重点。

丸岛：是的。就是所说的谈判能力和合同约束力。这里并不是指的随便胡来，这需要充分理解其中的内容，明确损益，至少得有一条底线就是不能给自己带来损失，不这么做的话就不可能会赢。谈判也好签合同也好，不都说要"双赢"吗？

"双赢"精神的确值得肯定，但如果连对手的目的都不知道的话，那怎么能达到"双赢"呢？

富冈：是的。理论上说是达不到的。

丸岛：没错吧。（笑）通常的知识产权谈判中，是无法知道对方的目的的，并且，也绝不能让对方知道自己的目的。通常的谈判都是在这种状态下进行的。因此，所谓的"双赢"局面按道理是无法达成的。至少要在自己不受损失的前提下妥协。

富冈：这应该是作为出发点或者说立足点而言。

丸岛：对，以此为立足点。不进行诉讼通过协商的方式解决问题，特别对大企业来讲就显得很有必要，或许中小企业也一样。

富冈：确实是相同。就是因为缺乏资金才需要这样。

丸岛：是的。虽然在关键时刻拿出势在必行的架势非常重要，但平心而论通过协商来解决问题的方式是很有效率的。这样，无损害的妥协就显得很有必要。因此说站在对方立场上考虑问题就显得非常重要，在此基础之上斟酌对自己无损害的妥协点。其结果就是，即使契约成立，也不能判断是否达成了"双赢"。究其原因，就是由于无法弄清彼此的目的。

这里是很有趣的地方，如今，例如综合交叉许可（cross license）协议，因为是经营者之间的协议，因此法院等会认为经营者之间持有相同的价值观。❶

之所以这么说其实是迫不得已，实际是由于不知道对方的目的。虽说是经营者之间签订的协议，但并不能保证就是对等

---

❶ 职务发明等价报酬申请诉讼东京地方法院平成十九年一月三十日判决（平成十五（ワ）23981号）如下：营利企业双方签订以合理交易为目的的合同，如果没有特殊情况，则认定双方签订合同时承认双方应当向彼此支付的实施费用总额相当，因此在无偿综合交叉许可中彼此间无须实际支付实施费用。东京地方法院平成十八年六月八日判决（平成十五年（ワ）第29850号）同上。

关系，协议会对今后双方的事业规划都产生影响。因为签合同的时候不是根据当时的状况，而是在展望未来的基础上达成协议的。在合同签订之后，再开始发展事业的，所以不可能预测到那么远的未来。

富冈：但法院只能根据协议签订时的情况来进行裁定。

丸岛：是的。法院认为双方既然是在你情我愿的基础上才签订协议的，那么理所当然具有相同的价值观。然而现实情况却并非如此，签订协议是为了未来的发展。况且，双方是无法预知对方今后会做些什么。因此，这种判断对方未来动向的预见力产生了相当大的影响，所以关键在于对未来的预见。重点在于，即使默不做声也要知道技术的走向及产品的市场趋势，而且，要知道对方此刻抱有何种想法在进行着谈判。预知对方公司发展目标的能力，在谈判时是很重要的。

这是现实的谈判技巧，观察出对方的目标的话，就在交涉过程中巧妙地绕开这一点。如果对方突然改变面色的话，就能知道"啊，原来目标在这里啊"，所以如果谈判技巧很拙劣的话，就会被对方看出来。（笑）对于自己最需要的技术，当对方表示"这个不在交叉许可权协议范围内"时，如果面露难色地说"这让我们很为难"，那你就输了。

富冈：原来如此，就好比是在告诉对方"我们想要这个技术"。

丸岛：是的。因此，要面不改色，再次将这个内容引入到谈判之中。为了达到这个目的，试着提出要从交叉许可协议中去除一些对方在意的东西，并且观察对方的反应。如果对方看起来有些为难，就不断地要将话题引导到这个方向。最终让对方明白"这对于我们双方都没有好处"，再次将自己需要的技术引入到谈判内容中，这也是谈判能力的体现。所以，即使表面上不清楚谈判双方的目标，也有可能在谈判过程中逐渐摸清。因此，合同约束力和谈判能力都很重要，而最终必须以合同的形式来体现谈判能力的高低。这两者之间的紧密配合尤为重要。有的公司会让知识产权部门进行谈判工作，让其他部门负责签合同。要是和这样的公司谈判的话，我会心中窃喜。因为这样一来即使我们在谈判过程中输了，也还有机会在签合同时挽回局面。所以，谈判和合约签订的工作，不合二为一是不行的。

富冈：您所说的进攻型知识产权和防守型知识产权，在这里充分得以体现啊。

丸岛：确实如此。所以我认为知识产权部门，业务不应仅限于申请专利，连同签合同、谈判一起做更好。中小企业的话一个部门更是可以做到身兼数职。

第八节　什么是优质专利

富冈：回顾您目前为止的话，可以说站在用知识产权来巩固业务的角度来看的话，提出一定数量的专利申请还是有必要的。具体而言，对于一些资金能力不足的中小企业来讲，只要通过知识产权充分发挥合同约束力来与大企业结成利益联盟即可。

丸岛：第一次跟现任特许厅长官❶见面的时候，他说"虽然现在提倡法案效率化，但并不代表要削减申请件数"。所以我认为这句话意思是，他希望申请机构明确战略性目标之后再提出申请。

毫无目的草率申请，只会造成效率低下，消耗资金的结局。我也并不推荐这种做法。首先要明确出于何种目的提出申请，到目标达成为止，如果不坚持申请的话就无法产生效果，

---

❶ 时任特许厅长官中岛诚。

半途而废的话，就无法达成目标。

　　从不同的观点来看，优质专利到底是什么呢？众多学者和专家们认为是"经得起官司的专利"。但是，真的存在经得起官司的专利吗？也就是说，专利局无论多么努力地审查，审查专利性，也会有由于专利局数据库的局限性审查不出的情况。但是从法律角度来说，全世界的先进技术都是其审判对象。在我看来，倒不如说优质专利就是"能够达到目的的专利"。这并不仅指一件专利。达成目的才是最重要的，如果不能合法申请到足以达成目的的专利，无论怎样加强知识产权经营，也不可能真正地变得强大起来。所以真正想要变强的话，就必须至少申请到足以变强的所有专利。我个人认为盲目否定这一点是错误的，所以在这里也直言不讳，所谓优质就是指达成目的。

　　富冈：那么考虑到现实中的中小企业知识产权业务的话，现在很多企业首先应该考虑的问题是，如何找准自己的目标。通常情况下所谓的目标就是以如何让本公司的事业在竞争中获胜为前提的。我想很多企业都明白这一点……

　　丸岛：确实是这样的。首先要明确事业获胜的前提，即靠何种技术获胜。以我们公司为例，一旦确定某事业中依靠某几种技术保持优势，就会像之前我所说的那样，针对这几种技术设置彻底的参与壁垒。所以，要不断申请专利直到构建起完整的参与壁垒，这是最基本的做法，并且，专利权是有期限的。

然而将技术转化为事业的过程究竟要耗时多久谁也说不准。

例如一个诺贝尔奖级别的发明从研发到事业推广需要花费二十年时间，那么如果只申请一件专利的话等到事业发展起来的时候，专利早就过期了。此外，即使要进行事业推广，仅靠这一件专利如何在竞争中胜出？这意思就是说，制定技术的延续性策略是很有必要的。

一件专利的排他权能够覆盖的范围是有限的，必须使排他权能够覆盖到相当大的范围。在申请专利时抱有这种意识十分重要。只有这样才能构筑起技术的参与壁垒，否则就难以保持技术优势的持久性。即使申请专利时很有优势，一旦进行事业推广，竞争对手就肆无忌惮地参与进来，结果还是以失败告终，之前所有的努力也都将付之东流。

另外一个策略是延长技术寿命。要考虑到如何能让事业持续发展，在这个前提下提出专利申请。这样一来，首先必须明确究竟哪些技术是制胜法宝。明确了之后，不断将该技术强化的工作就是知识产权部的责任。也就是说，决定靠哪项技术获胜的是技术负责人，也是业务主管。通过构筑参与壁垒来对该技术进行保护正是知识产权部门的责任。如此一来，知识产权还必须引导技术开发的方向。

富冈：也就是说，反过来知识产权部还必须对技术开发提出反馈信息。

丸岛：是的。知识产权工作必须延伸到这些方面。这样的话，就可以延长技术寿命了。现在业务部门光被要求节约成本，进行技术开发时是能省则省；但是如果开发那种不能取得知识产权的技术的话，尽管达到了一时的成本节约，最终却只能造成成本的增加。因为可能这样会纵容竞争对手参与到业务中来。

与之相反，即使在开发中或多或少地提高成本，只要能通过阻止竞争对手参与到业务中来进行成本节约即可，不抱有这种想法是无法获得胜利的。那么，作为各个部门的职责，开发部门的确应该在研发过程中节省成本，这一点毋庸置疑；但从另一方面来看，考虑要到从业务全盘来获胜的话，开发部应该做什么呢？如果没有人考虑这些，也是不行的。由于需要增加研发的成本，开始可能会遭到误解。但是，只要通过沟通得到大家的理解，大家也会觉得"原来如此，那么就这么干吧"。

富冈：先生所说的正是专利的本质。产生了技术，并保护其走向未来之路，就是专利制度的特征。如果不能从长计议的话那么技术就没有任何价值可言了。

丸岛：的确是这样的。因此，越是基本的发明，越要从长计议。比如，发明了晶体管原理。仅是这个原理能够发展为事业吗？要是被别人拿走了晶体管元件的专利的话……这样的话不就又是势均力敌了吗？

富冈：岂止是势均力敌，也许掌握实际应用技术的一方拥有的市场空间更大。

丸岛：是很大。而且他们还没有使用研究开发经费。原理的发明者呢？结果就是花了很多钱给别人做了嫁衣。所以，只为基本发明申请专利是不行的，那么，申请专利到底要做到什么程度才可以呢？答案是必须能够防御竞争对手参与到业务中来。为了保护这个技术，即使自己能力有限不得不借助外力也必须做到。比如中小企业缺乏资金的话，现在经济产业省不是建立了LLP制度吗？这就是从结构上形式上便于中小企业融资，即获得的收益与出资比例无关。总之就是，借助他人的力量也好，总之不达到目的不罢休。

富冈：以我的理解来看，就是企业与大学进行共同开发合作时，他们的职责划分也与您刚才所说的这些有关。

丸岛：就是这样的，这是非常关键的。说得极端一点，大学的TLO虽然也尽力去制定战略性的专利申请方案，但最后往往由于预算和人手问题无法做到十全十美。因为做得不到位所以只能在某种程度上停滞不前的话，无论技术本身多么优秀，企业即使想接受TT也是心有余而力不足。所以说得极端一点，知识产权的工作应该交给企业来做，而大学的知识产权部的人不如更专注于合同方面的工作，而大学教授致力于学术研究即可。像这样的分工合作是很有必要的。我们提倡将事业推广中最关键的知识产权工作交给企业来做。这也是致力于学术实用化的产学合作的基本理念，只有这样才能提高实际应用效率。不这么做的话，无论技术有多么好，也会由于过程中知识产权工作的不充分，使企业接受TT时难以将其事业化。这一点希望大家一定要做到心中有数。

虽然大学总是要求企业进行"不实施补偿"，但在此之前结成更具可实践性的同盟关系不是更好吗？这样企业也能更安心地进行推广实践了。虽然具有优良技术，但从知识产权的观点出发，在实施过程中让人疑窦丛生是最可惜的。

富冈：我们今天讨论的主题之一是"用知识产权来成就事业"。从这个观点出发，大学与企业之间某些意识形态上的差别是由于大学本身不从事事业推广而造成的。

丸岛：是的。如果不站在事业推广的人的立场上来考虑问题的话就不可能成就事业。产学合作当中最重要的就是这种思考方式。如果大学不能很好地理解这一点的话，产学合作的方式将会发生改变。

第九节　职务发明的相应回报

富冈：谈到事业观点，我想有关职务发明的回报问题，您是否也有一些见解……

丸岛：从经营者的角度来思考职务发明这个问题，不能只针对一件发明来进行评估，而应该针对公司的知识产权整体对公司经营作出了多大贡献来进行评估。考虑到是知识产权提高了业务竞争力，给企业创下收益，因此对知识产权整体进行比例分配，确定职务发明的回报。我认为这样是比较合理的。

然后再来考虑发明者之间的分配比例，但大体上应该从经营者的角度来思考。如果不这样，以一件发明为单位进行累加，最后会变成百分之多少？在这种不稳定的状态下，经营者是不能安心从事事业推广的。这是我的基本观点。所以，说到职务发明的话，应该评价其总体上作出了多少贡献。在此基础上，对当时对事业有所贡献的发明者再进行分配。这之中难免有失偏颇，但大体上不会有太大偏差。但是，总是在一件发明上争论的话，比如贡献度是5%的话，靠5%的不断累加，需要几个人能把这个5%变成100%呢？需要20个人是吧。（笑）总是按人头一一计算的话，就会有"啊，我做了5%左右的贡献吧"这样的想法。但是实际上，不同事业的情况是不一样的。例如在我们业界，对一个商品持续进行事业推广的话，每件商品都会有大概一百人左右先后作出贡献，并且情况还会随着时代变迁而发生变化。如果每件专利都按照5%的贡献度来机械累加的话总和就会超过100%。

因此，不从职务发明制度的根本上来理解和思考是不行的。而且，我以前曾经跟法官说过这个想法。法官回答说："不是很好吗？那么，就请全员都来担任裁判吧。"

但是，这是不对的。不是要全员都做裁判，而是要公司从整体的角度来评估，支付发明回报。这个理念出现在东京最高法院审理的日亚化学工业株式会社员工中村一案当中，此案最后以劝诫和解告终。法院的最后判决正是基于这种整体意识而得到的。当然，个中也许另有文章，但从结果上看还是体现了这种整体意识。另外，在一些改良性的发明中，实现重大突破的专利，也得到了认可。

认可对原有发明的改良也具有重大价值是非常重要的事情。之所以这么说，是因为光凭基本的发明者是无法进行事业推广的，是事业化过程中那些进行突破性改良的研发人员不断促成事业的发展。如果不认可这些人的功劳，就再也没有人愿意做这些工作了。更深入地讲，我认为日本企业的优势，正在于大家能够精诚合作、团结一心达成目标的这种合作体制，这种精神堪称世界之最。如果这种合作体制崩溃的话，日本的竞争力就会下降。如果职务发明回报制度摧毁了这种优秀机制，我认为是得不偿失的，并不是说否定基本发明者的重要性。但是，日本的优势，是以此为基础再加上大家在事业化上的精诚合作而形成的。在此过程中就必然会存在发明上的重大突破。如果都不认可这些搞突破的人，那么谁都不愿意参与到合作机制中了。

如果大家争着说自己是基本发明者，那么研究开发的合作体制就会消失不见，这种方式不会增加日本的竞争力。虽然有人认为只要给发明者提供更多的回报就能增加竞争力，但其实不然。至今为止真正拥有独创性的发明者并不多。所以的确有必要提高发明者的创造性，但同时将发明付诸事业化的合作人才也必须得到应有的认可；否则目前的职务发明评价制度就无法对推广事业起到积极作用。

富冈："付诸实施"翻译成英语是reduction to practice吧。我认为英语能够充分地表达这个词的意思……

丸岛：是的。日亚公司的案例中发明者参与到事业推广当中了，但一般来说发明者未必全都会参与到事业化过程中来。

所以比如将一个基础发明，"嘭"地交到三家公司，说"请进行事业推广吧"。那么三家公司都能成功吗？当然不是。成功与否是由三家公司所具有的知识产权能力的不同，刚才所说的合作体制的不同以及其他一些条件的不同来决定的。但是却无视不同公司的资质差别，只说因为有了这个发明，所以成功了。这种评价方式我认为不妥。

　　富冈：拿很老的一个案例打比方，汽车的旋转式发动机的案例也是这种情形。虽然德国的Wankel公司拥有基本专利，但由于不具备后续开发能力，最终讲技术转让给Mazda公司。Mazda公司占据了该专利及周边发明的全部市场。但是，即使如此，也并没有发生任何跟职务发明有关的纠纷，因为35条从那时起就已经存在了吧。那么，为什么时至今日这种纠纷却反而层出不穷呢？

　　丸岛：关于这个问题，我个人是这样认为的：产生职务发明纠纷的根本原因并不在于诉讼方在职务发明中得到的回报过少，而在于一些其他方面，简单地说就是对待遇和处境不满吧。他们又没有其他途径来诉求这种人事评价方面的不满，所以只能以职务发明为由提出诉讼。我认为这样的案例是非常多的。

　　实际上，我在职业生涯中，非常注重激励员工。为了提高知识产权能力如何能够让大家通力合作？我为了完善这种体制下了很大功夫。而过去那个时候基本没有技术人员提到金钱方面的问题，总之是跟实现自我价值挂钩的。尽管每个人的自我价值都不尽相同，但当时人们的自我价值观里都没有"金钱"二字，所以技术人员才能从工作中得到自我满足。一般说来，如果感到自我价值缺失，大家就会开始不满，于是就诉诸职务发明……我认为这种可能性比较大。

富冈：美国由于不存在职务发明的相关规定，所以也就不存在纠纷一说了。但是当企业员工将自己的发明转让给企业时，他们得到的回报真的不算多。我听说那时候，对于优秀的发明者，仅仅是高管请他们吃一顿便饭，拍拍他们肩膀说"GOOD JOB"，而发明者也觉得这样就足够了。因此我觉得这种精神上的嘉奖和鼓励是非常重要的。

丸岛：是的。例如在会议室这种经常有人来访的房间，挂上历代优秀发明者的照片，或者社长亲自予以表彰，或者发奖金，或者开设研究课题及并给予研究经费，或者给予其相应的职位。对于这些对事业发展有贡献的人而言，我认为这些都是非常好的鼓励。说白了，一个员工在这个企业中能否实现自我价值，这才是最基本的出发点。要是没有了这个前提，终究是不行的。

富冈：这一点无论在中小企业还是在大企业都一样吧？

丸岛：完全一样。相比之下中小企业可能更加有利一些。

因为中小企业可以做到让每个员工都实现自我价值，这就是中小企业的优势所在。大企业的劣势，就像我刚刚提到的，由于技术人员太多，所以每个人只能是一个齿轮，如此一来就必然会产生不满。

中小企业却并没有意识到大企业存在的弱点，所以中小企业的人总说自己很弱，但实际上他们优势很大。他们完全可以跟大企业结盟，利用自身优势去弥补大企业的弱点。

富冈：也就是说不一定非要与大企业为敌，利用自身的优势来弥补大企业的弱势就行了。

丸岛：我认为，在弥补对方弱点的同时不断强大自身的做法是非常有必要的。难道不应该更加有自信地认识到自身的优势吗？此外就像我刚才说的，理解知识产权的本质，勇气与智慧并行，这些对中小企业都是很有必要的。不能一味指责别人。还是要有只要努力就能成功的自信，充满斗志地去做才行。

第十节　中小企业的技术优势

富冈：如先生开始所说的，人物钱的三个要素中，中小企业在人和钱方面是缺乏的。但是，将"物"的概念置换成技术的话，中小企业是不缺乏技术的，而技术恰恰是知识产权的基础，是非常关键的。

丸岛：确实如此。其他错误都可以犯，如果为了眼前的利益，而将最具竞争力的要素——专利用来申请使用许可证，这种错误是致命的。即使满足了一时之需，这些中小企业只要一申请下来专利的使用许可证，就相当于给自己增加了很多竞争者，如此一来在事业方面就不可能成功。在这方面还有很多人存在错觉。

比如，虽说以信托❶的方式来做会很赚钱，但信托也是一

---

❶ 信托：平成十六年十二月日本通过了信托业法修正案，此后知识产权也成为信托业务对象之一。知识产权信托分为两种，一种是以管理知识产权及相关许可为内容的管理型信托，另一种是以利用知识产权获得收益为目的的资金运作，叫做资金运作型信托。

种使用许可证。如果一定要申请许可证的话，将不属于核心竞争力范畴内的专利拿来做信托也不是不可以。但为什么非要为了眼前的利益把作为制胜法宝的专利拿来做信托呢？这样一来就不得不放弃事业竞争了。想要去申请信托的话，就必须考虑到能够确保事实上独占实施权力的措施。如果是作为制胜法宝的专利，就应该采取除了申请许可证之外的融资方式。

说到底还是要最大限度活用本公司财产去跟其他公司结盟。也就是花着别人的钱，通过自己的专利来发展事业，而并不是将自己专利的使用权卖给别人。如果认不清这一点的话最终会丧失优势，所以真正重要的专利是不可以申请使用许可证的。

尽管如此，目前对于中小企业而言，能够申请到使用许可证不仍然被视为一种奖励吗？这从根本上而言就是错的。确切地讲，利用专利来赚钱这件事情本身并没有错，我并没有否定这一点。但是如果想要在事业上有所成就的话，申请许可证这种方式是不可行的。那么不申请许可证，怎么能够推广事业？怎么能够从别人身上弄到资金呢？这才是应该动脑筋的地方。（笑）

富冈：既然已经有了人物钱三要素当中的"物"（技术），那么接下来就要考虑如何有效地利用结盟来加强"人"和"钱"这两个要素。

丸岛：如果能够通过结盟顺利达到这个目标的话，我可以断言成功指日可待。中小企业并不弱小，我认为智慧和勇气才是最重要的。

如果一开始就认定自己没有优势，轻言放弃了，结果只能是没有任何结果。在这一点上，希望大家能够向美国的风投公司的社长学习。他们真的很强，非常强大。

富冈：就是具有坚韧不拔的品质吧。

丸岛：非常坚韧。为了让自己成功，获得成长可谓动足了脑筋，我认为这是最厉害的。作为技术人员也很厉害，与知识产权方面的外行人相比对知识产权的业务也相当熟悉。这都是因为他们对待自己的发明非常严肃认真。就是所谓的，三位一体的工作。

富冈：果然是真的体现三位一体。

丸岛：就是这样。因为都是自己一个人来做，所以是最强大的。由于企业规模变大，一个人不能负责所有的业务，才会产生所谓的"三位一体"这个概念。事实上如果全由一个人来完成，就是最强大的。风投公司的社长，如果想的话，所有的活都可以一个人完成，最厉害了。中小企业中其实也不乏这样的社长。所以我认为重要的是，应该抱有这种意识去采取行动。我希望他们能够打心底里认识到他们其实没有那么弱不禁风。

第十一节　与Xerox商战所得

富冈：如此说来，当年佳能公司与Xerox公司之间发生专利纠纷，你们也是抱着挑战复印机行业龙头老大的心态采取行动的吧？

丸岛：是的。当时我们拿不到相关技术的使用许可，上头却要我们介入该领域的研发，我们别无选择。"只要你的技术开发侵犯到对方专利覆盖的领域，就绝不可能将其事业化。"如果遵循这种想法果真不去碰触这个领域的话，仅凭我们当时持有使用许可证的Electrofax❶（湿法电子照相）技术，是绝对无法在事业上取胜的。普通纸复印机技术绝对要更胜一筹。如果不想办法进入这个领域的话，公司的事业就没有前景。正因为此，经营层的上级才会发出指示要求我们必须进入这个领域。

---

❶ 湿法电子照相技术，电子照相技术的一种。在电子照相的初期阶段，有干法（Xerography）电子照相和湿法（Electrofax）电子照相两种。湿法电子照相技术专利权所有人是美国RCA公司，而日本企业也申请了使用许可证。

于是大家抱着"不成功便成仁"的信念，斗志昂扬地进入该领域，准备杀出一条血路，一开始并没有十足把握认为一定会成功。当时的情况是，在经营层的领导下达指示之前，如果我们像遵守教科书内容一样采取行动，认为"假如绘制出专利地图发现一片漆黑的话就放弃研究"，其结果就是我们必须向上级进言说要放弃。但是从对事业发展的判断，从直觉来讲，我们觉得如果不能在这个领域立足那么公司的复印机事业就是死路一条，我觉得这是一种生意直觉。因此，当经营层下令搞研发时，员工们便抱着必死的信念进行各种尝试，最终取得了研究方面的突破。如果当初因为专利地图是一片漆黑就轻易放弃的话就不会有今天了。但与此同时，对于专利地图我们一定要以动态的眼光去关注。专利权不是有时限的吗？那么依据自身的投入情况，未来就有可能改变专利地图上的颜色。如果能有这样的先见之明就应该果断进入该领域，而如果仅仅关注这一时刻的专利地图，看到黑色领域就止步不前，就等同于只能去做一些没有市场的产品。因为白色地带尽管不用担心侵权问题，但同时也意味或许没有市场可挖掘。

富冈：观看NHK电视台节目"ProjectX"的时候，在某些镜头里，也可能只是一种象征……看到桌子上堆满了Xerox公司的公报。可见当时的状况真的可以用专利地图上的"一片漆黑"来形容。当时，您没有觉得气馁吗？还是说，觉得不打破这种局面就无法前进？

丸岛：我觉得当时所有人都一心想打破这种局面。（笑）这么说可能有点以结果为导向，但最终的结果证明，实现突破是完全有可能的。这个可能性就依附于技术是在不断进步的这一事实之上。所以即使某专利一度非常有优势，但随着技术的不断进步与发展以及周边技术的不断革新，最终也可能被取代。此外还有一点就是，刚刚我也说过了，有很多发明只是针对成果申请了专利，并没有针对其思路或者构想申请专利。在这两个前提下，再加上如果技术人员对专利具有较好的直觉，就可能实现突破。所以，最重要的是技术人员的专利头脑和专利意识。

富冈：所以说，知识产权的工作上，与技术部门的合作是非常重要的。

丸岛：是的。对于研发部门的人员来说，提高知识产权头脑和意识是很有必要的。

富冈：这正是，当时虽不能说是"小"企业，却可称之为中型企业的佳能公司的生存之道。

丸岛：没错。"ProjectX"中是侧重于展示商业化的阶段性成果，但实际上，较之更为重要的是，为了未来事业的长期发展，培养了很多具有知识产权头脑和知识产权意识的技术人员。这些拥有知识产权头脑和知识产权意识的技术人员，会被分配到公司的各个部门，又会在各自的研发部门传播这种思考方式。

当然，知识产权部为此也付出了巨大的努力，这方面积累的财富更多。从此之后公司内部对于知识产权的认识发生了巨大的变化。

富冈：这是具有划时代意义的事情……

丸岛：我深切地觉得，当时的相机技术已经非常成熟。所以即使别人具有专利，只要不抄袭就不怕做不成自己的事业。那么取得专利的作用是什么呢？仅仅只能防止完全照搬？

明确来讲，技术人员也一度觉得已经没有地方可以进行技术突破了。然而，半导体和软件等周边技术的革新使状况发生了变化。通过两者的结合，使至今为止在装置结构上无法实现的构想都变得触手可及。

这样一来，相关的技术开发会剧增。所以，即使面对曾经认为已经无缝可钻的领域，随着周边技术的发展，开发状况也会发生巨变。刚刚开始电子化时是如此，如今发展到数码相机也一样。由于周边技术的转变，商品本身也发生巨大改变。

富冈：复印机的发展也正是这样吧。从过去的光反射式，到镭射激光的出现，再到CCD的产生。现在所谓的复印机基本上都是结合了扫描和复印的功能，要是再添加通信功能的话就可以发传真了。

第十二节　战略性交叉许可证

丸岛：所以对这方面的理解会影响到合同的质量。例如，通过预测商品市场趋势来定义特许产品的情况下，合同质量的高低取决于签合同的人能不能作出正确的预测，是不是懂行。不懂行的人，往往只会考虑既有产品。如果能够预见到这个产品的演变趋势，对特许产品的定义也会随之改变。合同质量的高低往往取决于是否有先见之明。

富冈：这就是合同约束力吧。

丸岛：没错，这就是合同约束力，但不是法律。像所谓的技术合同，许可证合同和共同开发合同，在决定成果的分配方式中起到至关重要作用的一点就是对于技术的理解和定义，定义就是胜负关键。很有可能对特许对象的一条定义，就能决定是自己的公司能受益多年，还是一年就败下阵来，这是有很大差别的。

富冈：在下这种定义的时候，将对象概念化，综合概念化就变得很有必要。这就是其中的智慧。

丸岛：没错。不同行业也许情况有所不同，在我们这个行业内，一件商品中包含了很多项专利。这里面既有公司自主研发的技术专利，又有其他公司研发的技术专利。一般而言不可能所有的技术都是自主研发的，会购买必要部件，而购买的部件也都是包含技术专利的。在过去，产生零部件专利纠纷的时候，都是由零部件制造商来承担全部责任。

富冈：就是所谓的专利保证。

丸岛：就是专利保证。然而现在，即使是部件问题，权利人也不会去找部件制造商，而是会将矛头直接指向成品厂商，所以成品厂商会受到正面攻击。虽然是说只要从零部件厂商获得部件专利保证即可，但实际上零部件厂商有可能连成品的专利纠纷损失都承担下来吗？答案显然是否定的。站在零部件厂商的立场上，不可能做出无限制的保证，必须设定保证界限。但是，一旦设定界限，对于成品厂商来说专利保证就没有意义了。所以现实中如果我们要进行风险管理，比如购买零部件时需要考察哪些因素。虽然不知道具体而言哪个因素更重要，目前为止总归是从部件质量、价格、交货期这几个因素来考察的。但我想除此之外，知识产权因素已经开始凸显其重要性。对于成品厂商而言，购买不会产生知识产权纠纷的零部件是很重要的。于是，零部件厂商也不得不站在成品厂商的立场上考虑知识产权问题了。风险管理现在成为重中之重了。

过去在教科书中，专利审批（patent approval）是最牛的工作。看着设计图纸就能判断一个专利是否具有事业化潜力。但是现在即使想这样做，也会由于"暗箱"太多而难以实现。即使想知道这暗箱里的内容也不会有人告诉你。买来半导体零部件，想要知道这里面的技术秘密也不会有人告诉你，只会得到一些输入、输出的相关参数，但其实最关键的技术都藏在部件内部，你却无从知晓。也就是说，你是抱着"暗箱"在开展事业。但是，由于具有竞争力的技术是自主研发的，所以这一部分完全在掌控之中。因此对于自己的事业而言，"暗箱部分"的内容是不跟竞争力挂钩的。所以，只需要考虑如何避免因"暗箱部分"引起的纠纷即可。

这个答案就是战略性综合交叉许可证，但一定要将具有竞争力的技术排除在交叉许可的范围之外，这点很重要。我们说综合交叉许可不好，是指毫无战略性，将所有技术专利都拿来交叉，这样是不会提高竞争力的。我所说的战略性综合许可证，以刚刚讨论的中小企业为例，就是指将具有核心竞争力的技术从许可范围内剔除。

富冈：这就是"战略性"的意思啊。

丸岛：没错，连关键技术都一并交叉的做法只能用愚蠢来形容。可能有一种看法，认为相互之间可以使用对方的技术，那么这两个公司就都能变得更强大。事实上正好相反，这样会暴露出很多弱点，双方都会失去竞争意识。虽然一时间可能两公司都变强了，但是一旦失去竞争意识，放在国际竞争力市场上来看的话只会变得越来越弱。但对于一个公司而言，国际竞争力的强弱才是胜负关键所在。所以，交叉许可的作用只是让双方避免在不必要的问题上消耗体力，处于和平共处的状态；而该竞争的地方还是应该当仁不让，在竞争中成长。这是很重要的。

富冈：就是不用手下留情。

丸岛：所以，如果关键专利被侵权，并且通过协商无法解决的话，不要申请使用许可证，而要诉讼到底直至对方停止侵权。虽然说打官司这一手段一般并不包含在战略之内，但在逼不得已的情况下，还是要坚决提起诉讼，因此在日常工作必须做好打官司的准备。如果因为平时的疏忽导致败诉的话，就毫无意义了。那么，说到在什么情况下要提起诉讼，并不是当你想从别人那里捞钱的时候，而是不能够申请许可证的关键技术受到侵害的时候，为了阻止这种侵害要毫不妥协地提起诉讼。因为这不是用钱能解决的问题，所以半步都不能退让。从这个意义上讲，诉讼是非常重要的。但如果是为了捞钱而提起诉讼，然后在诉讼过程中又接受调解并获得了经济上的补偿，那就压根从一开始就不要上法庭，直接通过谈判来达到目的不就可以了吗？就我个人而言，基本上只要是用钱能解决的问题，我都不会提起诉讼，全是通过谈判来达成目的，并且有时除了钱之外，还额外拿到了一些技术。（笑）我想说，这才是知识产权的职责所在。

富冈：真是充满智慧的知识产权啊！

丸岛：没错。这种成就感才是知识产权工作的乐趣所在。所以，如果认为赚钱就是知识产权的工作的话，多少觉得有点凄惨……以赚钱为目的的话即使不是知识产权的工作者也能做到，谁都能赚钱。

第十三节　通过技术秘密来保护技术

富冈：说到用知识产权来保护技术，除了专利申请之外，技术秘密（know how）这种方式也能保护技术，我想就技术秘密这一点向您请教一下。

中小企业掌握的技术中，除了那种申请专利、对外公开的技术之外，我认为还有很多是作为技术秘密不对外公开的。我偶尔也受邀作为讲师参加一些知识产权研讨会，在讨论有关技术秘密的话题时，每次必然会提到可口可乐公司的案例。可口可乐公司即使在美国实施专利法的年代都没有寻求过专利保护而是选择了技术秘密的方式……某本书中写到，这其中有一个理由是因为，对于专利权的时效性，可口可乐公司清楚认识到了这背后的弊端。

因为是以技术秘密的方式来保护技术，上百年来都没有出现过可口可乐的仿制品。同样的情况也存在于中小企业当中，有些中小企业会选择以技术秘密的形式来保护关键技术。请问丸岛先生您对这种不申请专利而是以技术秘密的形式来保护技术的方法是怎么看的？

　　丸岛：这里面或许有个至关重要的问题，说是以技术秘密的方式来保护技术，但结果真的能够保护得住吗？我认为有必要认真地思考一下这个问题。当初在修订不正竞争防止法的时候，有一种意见是主张将法律条款修改得更为严格一些，我对此是表示支持的。而目前的现状是，企业对于离职员工根本无法进行防范，这是由于倡导人才流通的那部分人态度强硬所导致的。

　　那么，是否能够建立防范离职员工公开技术秘密的企业内部管理机制呢？如果无法建立这种机制的话，就不能效仿可口可乐公司的做法。中小企业的话或许可以做到，但是大企业对待正常退休的员工是没有任何约束可言的。因为无法阻止员工离职后将在职期间通过正当途径了解并掌握的技术用在别处。

　　即使员工在入职的时候立下字据保证不泄露机密，这也仅仅只能限制其在职期间的的行为。一旦员工辞职，字据也就随之失效。那么，有人说在离职的时候再签一份保密协议不就可以了吗？但是如果离职员工不愿意的话，公司无法强制其签协议。

　　所以，一旦员工离职，没有一种系统上的制度可以防范其泄露技术秘密，因此必须想办法彻底防止技术被公开。这是其一。除此之外还有其二，如果过分严格控制技术机密在公司内部流通的话又会造成什么后果呢？那就会导致开发效率降低。因此，我听说可口可乐公司里只有三个人知道全部的技术内容，我一直很好奇他们如何在这种前提下完善技术开发体制。信息共有，大家通过合作来提高开发效率，这是日本的优势所在。然而，如果是以技术秘密为中心的体制，就必须在公司内部彻底控制技术信息的流通，保证不向员工公开。自己的公司究竟以何为本？大家首先必须明确这个问题。因此，如果要通过技术秘密的方式来保护技术的话，就必须平衡好与开发效率下降之间的关系。

再来谈其三。难道不公开技术秘密，就不能申请专利了吗？并且，我们真正拿去申请专利的东西其实并不是秘密技术本身吧？所以，说到被其他公司抢了专利导致事业发展受阻，这跟技术秘密其实并没有直接必然的联系，但是很多人都没有弄清楚这一点。其实完全可以不把真正的技术秘密写进说明书，而是将其作为合法权利予以保留，在此基础上同样可以申请专利的。这里是需要动脑筋的……

但是，大家对技术秘密的界定又好像过于宽泛了。连一些通过逆向工程就能解析的技术也都视为技术秘密。可是，这些技术随着设备流向市场，很快就被彻底解构。如果你因为将其看作技术秘密而不去申请专利，那就大错特错了。这么做的后果就是被第三方抢注专利然后被反咬一口。

　　还有一点必须考虑，如果在美国被告上法庭，作为证据对方要求你公开技术信息的话，那么无论生产方法也好，还是操作技术也好都不再是秘密了。我认为最有代表性的就是美国专利法中的境外适用❶条款，把日本生产的物品送到美国，如果侵害了美国的生产方法方面的专利的话，那么就连在日本制造这个物品的整个过程都要被公开。这一点也是必须纳入考虑范围内的。当然，因为承担了保密义务，所以对方企业无法使用这些技术，也不能向其他人透露。即使理论上有这个前提存在，但现实状况真的如此乐观吗？在考虑到这些问题的基础之上，我们必须明确哪些技术可以作为技术秘密，哪些要通过申请专利来保护？全部当作技术秘密所以统统不申请专利，这种做法实在没有什么技术含量。所以我认为有些技术的确应该用技术秘密的形式加以保护，但是必须更加深入的思考，技术秘密是否能够真正能起到作用？作为技术秘密要如何管理？在此基础上谨慎选择保护技术的方式，否则你不申请专利，技术也公之于众，结果就是竹篮打水一场空。

　　说到金属铸模，现在不是都电子化了吗？一旦电子化，技

---

❶ 境外适用：美国专利法规定，关于间接侵害，在特定情况下，即使侵害行为发生在美国境外，也可适用于本法相关条款。（美国专利法第271条（b）及（C）项）

术流失的可能性就增大了。

　　富冈：以信息的形式。

　　丸岛：那样的话，可能部分技术得以保留，但是大部分已经公开了。

第十四节　成果主义与实力主义的区别

丸岛：此外，关于刚才提到的，有关中小企业缺乏谈判能力与合同约束力的问题。之所以技术会流向海外，是由于对方需要这些技术。

富冈：想要得到这些技术。

丸岛：没错。为了得到该技术所以会附加一些合同条款。结果就是，我们的中小企业被一些看似优惠的条款所吸引而签订了合同，导致技术"唰"的一下被对方拿走了。那么像这种为了眼前的利益而牺牲将来的做法，真的要慎重考虑一下如何才能避免。

所以，知识产权也好经营也好都是相同的，并不是眼下能挣到钱就行的，我个人认为还是要认真地对未来有个预测才行。我们当年就是时刻不忘放眼未来，或者说得更极端一些，我们只关注未来。

然而现在，各方面对知识产权部的要求也是希望立刻能见到成效，所以大家都抱着短期内无论如何要做出点什么的想法在工作，我个人认为这种做法并不会带来好结果。

所以，这就是成果主义的缺点。对人的评价也是一样，既然提出长期、战略性的工作要求，那么如果在对员工进行评价时没有对达到要求的员工给予肯定，他们就不会卖力工作。也就是说，不能拿"今年完成了几件工作"来衡量，而是要视员工的想法和行动来进行评价，而对于结果，只要表示"水到渠成的时候拿成绩来说话即可"。如果对员工的评价体系不能做到这样的话，像我刚才说的那种立足长远的工作方式是不可能普遍实现的。

富冈： 的确是实现不了。

丸岛： 是的。如果仅靠电脑的输出数据来决定评价的高低，那么将导致一种不良倾向的产生：即大家都不在乎工作的实际内容，而仅关注怎样工作能够使电脑的评价系统输出漂亮的数据。

我们那个年代大家都"各司其职，各尽其能"，没有人在意什么评价，那个时候根本不重视成果主义。那时候我们说实力主义，但是不说成果主义。实力主义非常重要。但是，成果主义却很容易被误解为短期功利主义。真正的成果主义是指长期的成果。

富冈： 着眼于未来。

丸岛：没错。但是，无论如何都会出现关注短期收益的倾向。这从经营者的立场上来看的话，是因为太过于强调股东的收益，所以每一阶段都必须拿出业绩来，否则经营者就无法给股东一个交代。这就导致长期投资渐渐变得不可实现，而公司的经营体质也迫于外部压力逐渐变弱。

第十五节　产学合作的目的

丸岛：我想稍微说一下产学合作方面的事，在这种情况下，产学合作就变得很有必要。因为自己无法进行长期投资，那么就可以在大学里面进行长期的技术开发。这本来是产学合作的基本内容。

我认为，应该把产学合作分为两种。一种由国家主导，所进行的技术开发关乎国家的命运和前途，另一种则是支持地方及中小企业商业发展的产学合作。本来这两种产学合作的具体操作方法应该各不相同，但是现在却把两者混在一起通称为产学合作，于是就有点不伦不类。

富冈：搞出一个样板一样的合同，结果两边都不受用。

丸岛：没错。所以不明确产学合作的目的是不行的。所谓的知识产权，主要还是受国家政策左右。日本在国际竞争中占优的时候，其他国家曾一度禁止向日本出口技术。

而日本也有身为领跑人的自觉，为了保持领先地位，就必须不依赖其他国家，制造出自己的东西来。在这种情况下，企业才会寄希望于产学合作，希望大学或者国家研究所能够助一臂之力，所以也希望大学能够相应进行一些改革。

过去年轻教师仅跟在前辈屁股后面做事自然而然就能成为教授，现在要让他们有竞争意识，给他们资金让他们发挥才能搞研究，拿出优质的研究成果，这才是大学改革的基本理念。然后，将研究的成果通过产学合作的方式回报给产业界。这就是广泛意义上产学合作的目的所在。

第十六节　中小企业与标准化

丸岛：从另一方面来说，过去企业一直试图自掏腰包解决包括基础研发在内的全部问题，但是现在心有余而力不足了。这其中的理由之一，就是刚刚所说的，经营者受到来自企业外部的压力。理由之二就是技术的发展变化以及随之而来的标准化● 问题。具体而言就是，如今已不再是仅凭一己之力就能获胜的时代，而是进入了数字化时代。如果不能与全球的技术发展趋势接轨的话，无论你的技术有多精良也无法进行事业发展。

过去的模拟时代，如果技术优秀的话，不论耗时多久只要将其商品化就能立于不败之地。但是，现如今这种做法已经行

● 标准化：在信息通信领域等技术革新较为显著的领域里，为了迅速占领新产品的市场份额，扩大产品需求，非常有必要对不同机器种类之间的信息传递方式及连接方式制定统一标准，并将该标准广泛普及。为此相关企业正共同制定标准，并进行推广。（参考公平交易委员会"从反垄断法看伴随标准化产生的专利共享等问题"。）

不通了。如果标准化技术走向不同方向，你的技术就出局了。现在不将研究开发和标准化整合起来的话，就无法在商场获胜。至少得保证自己的关键技术不会因为标准化技术的方向而受到阻碍难以发展，只有这样企业才能立于不败之地。所谓的标准化，就是为了活用自己的优良技术所设定的最低限度的必要标准。所以如今，如果不加入标准化的胜利阵营当中，很大程度上意味着你将失去商业竞争力。

虽然很多人倾向于认为这些跟中小企业没有关系，但是实际上却不是这样的。即使没有直接关系，也可能存在间接关联。就拿材料厂商和零部件厂商为例，如果终端客户生意失败，这些厂商会连带受到影响。如果日本在国际竞争中败北的话，这些厂商当然也会受到影响。在更广泛的意义上，如果日本的企业丧失国际竞争力的话，国内产业的所有外延领域都不会好过。即使不直接受影响，也会间接受影响。所以，我认为，为了提高国际竞争力，日本应该更加积极地参与到标准化进程中。虽然很多人认为这只是某些产业领域面临的问题，但事实绝非如此。为了使日本产业发展壮大，无论直接间接都是会对大家造成影响的。

任何公司，材料厂商也好，零部件厂商也好，都会受到波及。嗯，制药业可能另当别论。（笑）除此之外，只要是生产成套商品的产业领域，无论是产业链下游企业，或是纵向横向的相关企业，一定会受到波及。说得极端一点，只有制药行业能够做到终端产品是一产品一专利，在这样的领域里也就无所谓标准化了，或者说建立标准反而没有意义，该领域的特征在标准化以外的地方。但是，在普通的技术领域内，如果彼此不形成网络相互关联就无法产生商品。一旦相互关联，就证明标准化已经成为该领域必不可少的存在了。因此，怎么能说技术标准跟中小企业没有关系呢？或许有时候不存在直接联系，但仍然会受到间接的波及。

富冈：您在这里所说的标准化，是特指的国际标准吧？

丸岛：没错。即使我们引以为傲地建立了国内标准，那也仅仅只是在日本国内可行，如果考虑到国家整体情况，一个国家不可能与外界隔绝而做到自给自足，那么就很有必要提高国际竞争力。说到为了提高国际竞争力需要做些什么的话，我们知道WTO成员国之间有一个TBT协议。❶ 在该协议中，保证产品不受抵制的唯一条件就是产品符合"国际标准"。所以，如果不采用国际标准的话，产品会以不符合本国标准的名义遭到

---

❶ TBT协定：1974年4月启用的国际协定GAT标准于1994年5月改为TBT协定，1995年1月成为WTO协议一部分。WTO所有成员国均遵守此协议。TBT协定规定WTO成员国制定国内产品规格标准时原则上应该以国际规格为基准，并且要求各成员国确保制定标准过程的透明性，这是为了避免各国工业制品的不同规格以及对不同规格产品的适应性评价手续（规格・基准认证制度）成为WTO成员国之间的贸易壁垒。尽可能减少因各国的产品规格及相关标准有差异而对产品的国际性交易过程造成的阻碍（贸易的技术性壁垒：Technical Barriers To Trade）详见日本工业标准调查会主页。
http://www.jisc.go.jp/index.html

某些国家的抵制。反过来说，如果对方不采用国际标准的话，我们也可以光明正大地以与国际标准不符为由对其产品进行抵制。这样是无法提高国际竞争力的。所以，我们不要内讧而是要协调一致采用国际标准，然后参与到国际市场的竞争中去。大家还是应该在这个基本观念上达成一致。

如果认为最大的竞争对手是日本国内企业的话，无论哪方在国内获胜，一旦获胜企业在国际竞争中失利，就代表着日本企业全军覆没。所以，要协调竞争。现在日本在进行产业重组，这是在国际市场上竞争失败之后不得已而为之的举动。我觉得这难道不是本末倒置吗？

富冈：就是失败之后再抱团。

丸岛：这样事实上为时已晚了。协调竞争应该是以获胜为目的的。当然我并不是指那种触犯法律的协调合作，（笑）不是让你去妨碍公平竞争，而是要那种光明正大的，通过彼此协调进而开展竞争的方式。就像之前谈到交叉许可证的话题时，我说要将关键技术从交叉许可范畴中剔除出去，跟那个是相同的思维模式。

从某一方面来说那也是一种协调合作，不用在无关紧要的地方浪费气力。这样一来，就可以专注于强化自身优势，可以把资金集中在关键技术的研发中。然后一旦自身优势稳定成型，就大可不必抄袭竞争对手。只要保留彼此之间的竞争空间，就能够促使技术开发不断进步。国际标准的协调竞争跟这个交叉许可的协调竞争是相同的道理。所以无论是知识产权部还是企业的经营管理层都应该同时具备协调和竞争两方面的意识。虽然有部分知识产权从业者认为自己的职责就是利用手中的权利获取胜利，我却不这么认为。要想在商场上取得胜利协调和竞争这两方面缺一不可。

富冈：并且这里面的顺序也很重要。不是竞争之后再进行协调，而是应该协调之后进而开展竞争。

丸岛：没错。为了事业的发展壮大，最基本的是要考虑好在哪些方面进行协调，在哪些方面竞争胜出。如果爆发全面战争，双方都会消耗殆尽。我想关于这一点，大家都应该已经心知肚明了，那就是无论如何一定要避免全面战争。既然如此，就不要内耗，朝着彼此能够共同成长的方向在某种程度上进行协调是很有必要的，与此同时双方还必须保持各自的竞争力。这就是协调和竞争之间的关系。

富冈：用手机市场的竞争为例。我们的企业因为执着于国内市场的份额，回过神时突然发现，摩托罗拉和三星公司已经在瓜分世界市场这块大蛋糕了。

丸岛：并且还有一点，不能认为只要进行必要的标准化之后就一定能获胜。标准化在某种意义上就意味着一个多元化世界——没有千差万别，又何来标准一说呢？因此，标准化只是抢夺市场的必要条件，但不是充分条件。在制定了标准之后，还必须进一步撰写适合自身的"胜利脚本"。也就是说，如果磨光技术是日本的特征技术，那么就不应该将磨口技术纳入标准范围之内。

更明白地说，正因为将磨光技术标准化，导致这种技术全部体现在集成电路片中，别人只要购买我们的集成电路片就万事大吉，所以我们才会在竞争中处于下风。这里是要动动脑筋的。如果日本企业的优势在于磨光技术的话，就得把磨光技术这一部分排除在标准化范围之外。

富冈：就像之前谈到交叉许可的时候说，战略性的关键技术是不能够参与交叉的。

丸岛：是这样的。我们的业界之所以强大就是由于没有将磨光技术标准化。像复印机，其核心的发动机部分就完全没有标准化；但是，如果看复印机整体的话，还是使用了很多标准化技术。即便如此，成为核心竞争力的要素却没有被标准化。又比如，实现复印机功能的某些技术也是标准化技术。传送一张画像，如果在某些复印机上可以复制，在某些复印机上不能复制的话，会给用户造成不便；所以像这类技术大家都使用标准化技术。不过，在如何优化自己复印机的输出效果这一方面就没有制定标准，在这一点上大家可以一争高下。

所以日本的办公设备产业处于世界领先水平。照相机不也是这样吗？在照相机靠装置和镜头技术一拼高下的时代，德国遥遥领先于其他国家。德国的机械装置技术非常精湛，但是德国在电子化进程上慢了半拍。电子化从本质上讲就是借助半导体和软件技术的发展提高机器性能，日本就是借此东风跃居世界第一的。

富冈：市场占有率也增加了，还成为了世界第一。

丸岛：没错。不跟上技术发展的脚步还是不行的。但是，一味追求便利性的做法只能丧失竞争力。要在保留竞争力的基础上考虑便利性。所以，全部都标准化的话，虽然便利性可能有所提升，但是会丧失竞争力。这里就是需要动脑筋的地方。我认为不是一提到标准化就意味着把所有技术都放到集成电路片里。

要认真地考虑核心竞争力。标准之争是有限资源的竞争，输家只能退出市场。确保在市场中占有一席之地的条件就是符合标准。然而光占有一席之地还不够，如何打败对手占有更多的市场份额才是最重要的，所以还是应该在充分考量商业模式的基础之上制定标准。

从这层意义上讲，如果我们不能引导标准化的方向，而只能遵守他国的标准，那么就很难发挥我们的优势。至少我是这么认为的。幸运的是，现在允许多种国际标准同时存在。虽然这一点本身也有让人费解之处，但既然允许多种国际标准并存，日本如果不能凭借自身竞争力至少确立一种国际标准，就很有可能被淘汰。只要日本的标准被采纳为国际标准的话就首先能够保证不会被淘汰出局。我认为这是参与国际市场竞争的最低要求。

至今为止引导标准化方向的国家，由于制造业水平不高只能在技术和系统方面加以引导。但就制造业而言，日本是在采用标准技术的前提下在市场上获胜的。而现在，有些国家显示出对制造业的极大兴趣，并且其市场占有率也很大，制造业就是他们的目标，毫无疑问日本就成为了其竞争对手。为了在竞争中获胜应该制定怎样的标准，应该一目了然吧。日本的企业必须看清这一点。

虽然说"至今为止也一直存在标准化方面的问题，但最终还是挺过来了"，可我认为，对于情况发生的变化大家的认识还不够到位。

我觉得还有很多人认为即使遵守别人的标准，使用别人制造的东西也一样能取胜；但是我认为这种想法是不对的。这次的对手（竞争对手）不一样了，面对新的对手用过去的做法还能够获胜吗？如果那个对手带来的市场可有可无的话也就算了，但现实不是这样，所以我认为必须想办法解决这个问题。

第二章

专利的活用"权利行使"

第一节　申请专利时就要想到权利行使

富冈：前一章节，我们以中小企业的知识产权为切入口，谈到了应如何看从企业整体层面上待知识产权。关于"用知识产权来成就事业""知识产权要从源头做起"等方面的问题，丸岛先生给予我们富有启示性的指导。接下来我们谈谈普遍认为智力创造循环中最考验知识产权能力的应用环节。您能就应用环节当中的"权力行使"这一部分给我们稍做讲解吗？

丸岛：我认为这是知识产权活动中最为核心的部分，所以这个话题或许有些难懂。我经常说到，我个人不怎么喜欢诉讼，并且主张协商解决问题。尽管这么说，万不得已的时候必须考虑通过权利行使来维护自身利益。那么，我们日常的知识产权活动，包括申请专利的环节，一定得保证必要时能够进行权利行使。这是基本中的基本。然而，不断进行权利行使，特别是通过诉讼手段来解决全部问题，我个人认为，这一点不能称为战略，因为诉讼的可预见性很低。从各个层面上来看都是不可预见的部分比较多，那么如果将其纳入战略规划危险性就很高，所以我没有将诉讼作为战略的一环来考虑。但是，到了迫不得已的时候要保证诉讼能够顺利进行，这一点尤为重要。这个观点我并没有公开强调过，所以一般人可能会认为"这人不喜欢诉讼"。但在日常工作中，我一直都提醒自己要去做能够保障进行权利行使（包括诉讼）的工作。

这是什么意思呢？首先要在能够行使权利的国家获得专利。必须严格按照程序来申请专利，以保证必要时候能够进行权利行使。这并不是单指发明的内容，在手续方面也必须做到毫无瑕疵。举个简单的例子，在美国，发明者的签名特别重要。如果被认为发明者签字的时候并没有充分了解其内容的话，那么会对之后的权利行使造成巨大不便。❶ 或者在产学合作的范例中，如果要从高校老师那里承袭权利的话，高校老师也许需要先得到高校委员会的同意，否则高校老师或许不能私自将发明转让给第三方。然而站在公司的立场上，认为只要得到高校老师的允诺就万事大吉，将其作为发明人，以本公司为申请方提出专利申请。这种专利即使被注册在案，一旦公司进行权利行使的对象以专利未接受合法继承进行抗辩的话，权利

---

❶ 在美国，提出专利申请的宣誓书（Oath）或者宣言书（Declaration）上要求"宣誓或宣言人必须陈述其认为被登录姓名的发明人即为被申诉或被提起专利权要求时的第一发明人。"（美国专利法实施细则1.63（a）（4）项）

行使就会变得比较困难。说到底，就是为了达到权利行使的目的，至少必须确保相关手续滴水不漏。我认为这是日常工作中最重要的环节。只是想要在进行每一件专利申请时都做到如此慎重是比较困难的。

因为需要申请的专利实在是太多了。我面对这样的情况，就会将其划分为"防守型专利保护"和"进攻型专利"两类来进行区别对待。所谓防守型专利，从字面上看，给人留下的印象并不强烈；但实际上，"防守"的意思是"守护事业"，因此这些专利是最重要的专利。在最重要的财产受到侵害的时候，不能退让半步，要彻底行使权利，通过打赢官司强迫对方终止侵害。对于这些种技术相关的权利形成，必须注意并确保手续方面不存在任何瑕疵。当然这并不是说别的方面就无所谓了，尤其是守护型技术的相关权利形成方面，慎重细心的准备工作是非常有必要的。

然后，如果无法对对方造成威胁的话就无法有效地进行权利行使。在谈判方面也是相同的。说说哪些是能够对他方有效施加威胁的国家。如今日本在制度上面虽已得到了改良，但在应用面上还是略有欠缺。我通过工作一路看下来，觉得还是美国的权利行使最能让对方感受到威胁。这是由于，从经营者的角度来看，事业终结比金额巨大的损害赔偿更具威慑力。只要不到事业终结的地步，抱有用钱解决问题的想法的人应该很多。因此，在事业会被终止的国家应用权利行使应该是最有效果的。这意味着，在哪里进行权利行使比较好并不光与制度方面相关联更是与市场紧密联系。考虑市场的规模大小的同时，在制度面上或者应用面上能够给对方施加威慑的，选择像这样的国家并且从日常工作起注重权利形成的事务是非常重要的。我在想实际应用上是不是也在这样的国家进行比较好。

第二节　技术评定：防守型技术还是进攻型技术

富冈： 在申请专利的阶段，由于权利侵害还没有发生，所以在假定权利受到侵害的前提下申请专利就变得尤为重要。此外，对发明提案及在智力创造循环的研究开发中出现的技术内容进行评定，并不是说要分优次，应该说是进行排序吧。这样的工作是不是就显得极为重要？

丸岛： 没错。从工作效率化的观点来看，产生结果之前的预测最为重要，采用加权方式能达到这个目的。因此，像刚刚您所讲到的，如何评价技术的价值当然从知识产权的立场上也能够解答。我个人认为对于这个问题要明确分工，应该由技术部门或者事业部门的责任人评定技术的价值。如果以技术部门，知识产权部门和事业部门合作共事为前提的话，那么至少技术评定是应该由事业部门或者技术部门来完成的。

"在这项事业中凭借计划中的这一项技术能够成功"，那么像这种技术上的评定，还是应该由事业部门、技术部门来做。根据技术的权重情况，知识产权部门再相应投入力量。也有人认为知识产权部门最好连技术评定的工作也做。虽然说不是不能做，但是我个人认为没有必要越俎代庖吧，更何况知识产权部门还有许多其他的工作要做。我认为知识产权部门应该把精力投入到那些非做不可的是事情上。说到是防守型技术还是进攻型技术的问题，要从申请专利的时候起就进行区分。所谓的进攻型技术，换句话说，就是那种与核心竞争力关系不太密切的，自己可以使用，同时竞争对手也想使用的这一类的技术。这里面的差别就很微妙。总之"独一无二"的技术就是保护事业的技术。除此之外，为优化产品性能而使用的，比起自家原创技术那种谁都可以用的技术，比如通过购买别家的产品零部件从而形成的知识产权技术。像这样的技术也为数不少。我个人认为这类技术不会给竞争力带来突破性的进展。

但是，像大家都想用的专利，也就是进攻型专利，其实可以申请到很多。因此，如果没有通过进攻型专利积累实力的话，可能就连防守型专利也无法保住。如果为了减小自身弱势而开始使用防守型专利的话，竞争力将丧失殆尽。因此，除非迫不得已的情况，否则不要轻易使用防守型专利。这一点是基本。然后，通过进攻型专利来弥补自身的弱点。要从申请专利的阶段起就有意识地进行区分，必须在权利形成、利用的过程中始终明确目的所在，做到有的放矢。

第三节 构建信息共享的环境

富冈：如果在智力创造循环的过程中申请专利，这其中专利代办公司起到了很重要的作用。我这么说或许不太妥当，但事实上委托专利代办公司进行专利申请，就意味着本公司技术或者信息的外流。如此一来，自然而然就产生了一个权衡利弊的问题：出于是防守型专利还是进攻型专利的考虑，应该彻底由公司内部来处理，这样做的好处是能够有效防止信息外泄；但坏处是公司内部自行处理很可能做不到专利代办公司那么专业。您能谈谈，您在职期间的佳能公司是如何解决这一问题的么？

丸岛：理想状况是，重大技术项目全部都在公司内部处理当然比较好，但是实际上是很难实现的。当然其实我并不在乎内部或者外部来处理，但最重要的一点是，无论是内部还是外部，都要充分意识到这个问题的重要性，并且投入足够的精力来做好专利申请工作。我认为这样的机制才是最重要的。无论是在外还是在内，相应岗位上有足以胜任工作的人，会认真完成专利申请工作，我觉得建立这样的机制很重要。关于这一点，外部的专利代办公司的专家和内部的企业管理者如何进行协调分工，这个问题至今依然是一个核心问题。最为重要的是信息共享。

但是，有些知识产权部门喜欢通过限制信息来显示其相对于专利代办公司的优越地位，也有人想以此来显示自己位高权重，我认为这绝对不是好事。所以，只要能做到信息共享，当然是人外有人山外有山，外面高手如云。但问题在于信息共享常常无法实现，那么无论其自身的专业素养有多高，也都无法按照公司的意图申请到好专利。这一点有很大的问题。我认为最基本的问题在于能否建立信息共享的环境，而不在于内部、外部谁的能力高。外部的人如果得不到足够的信任，就很难做出让公司满意的工作。所以要与外部的人建立起恰到好处的信任关系，让他们充分感受到被信任。

富冈：相互之间的努力磨合就变得很有必要。

丸岛：没错。真的是这样。所以，这其中互信关系不是一朝一夕能够建立起来的。某种意义上说，只有通过长期的合作积累，才能感受到彼此间真正的信任。其实公司内部也存在同样的问题。比如说知识产权部门，如果不被技术部门信任的话就无法得到任何来自技术部门的信息。这个问题不分公司内外都普遍存在。总之，要跨越公司内外部的障碍顺畅地得到技术部门研究部门的信息，像这样的信赖关系是最重要的。不仅是技术信息，事业信息也是一样的。顺畅的信息交流，构筑这样的信赖关系，人际关系是非常重要的。最终，说到是为了谁工作，都是为了公司的业务。如果大家都能为了公司而工作的话，那么就能顺利地建立起这样的信赖关系。

富冈：那么基于这样的信赖关系，信息就应该会集中起来。

丸岛：就是这样。我认为大家都各自为战的话就不可能建立起信赖关系。

第四节　有威胁力的权利行使

富冈：那么，实际在行使权利的过程中，您最注意什么呢？

丸岛：或许视角不同结论也不同，但最基本的一点是是否具有威胁力。这样，在我要行使权利的时候，首先需要评估的就是以专利的手段能给对方造成怎样的威胁。

例如，要结合对方的经营规模有多大，能否进行设计变更，本方的专利有效期长短等因素，根据这些来严肃并客观的评估对方可能受到何种程度的打击，我认为这是最重要的。如果是对方能够立刻进行设计变更的话，那么即使对其进行攻击也无法在本质上起到威胁的效果。至少针对既存状况而言是这样。所谓既存状况的意思是说经营者感觉不到威胁，从这个角度上说还是无法进行设计变更的专利攻击是最具威胁力的。

富冈：设计无法变更是指，即使进行了设计变更也会进入己方的专利范畴之内吧？

丸岛：或者说对方在避免侵权的同时也丧失了竞争力。尽管拥有如此强大的专利是最好，但是，所谓的权利行使，就是单枪匹马作战也必然会招致群起攻之，这个世界上越是专业人士越喜欢反驳他人。（笑）所以如果你想要通过一项专利来解决问题，这首先就是不可行的。这样我就会用几件专利来进行攻击，我觉得这不失为最有效的方法。

谈判的时候更是，如果不是以几件而是数十件的专利为对象，谈判就很容易进行。因此，要明确自己行使权利的目的。比如，如果是为了弥补自身弱点，那么就先发制人，在通过谈判来解决问题的时候，跟对方签订能够弥补自身弱点的交叉许可。在这种情况下，要让对方得到己方尽可能多的权利。另外，之前说到过的在最严重的情况下，就要进行震慑："因为你不允许（我们使用想要的专利），那么你们就必须立刻停止使用（我们的某项专利）。"这种时候，没有必要使用多项专利的权利，选用能够造成最大威胁力的专利就行。如果这样还是谈不拢，就只能诉诸法律通过权利行使使之停止侵害，即便这样也应该张弛有度。

第五节　本公司专利的有效性

富冈：在权利行使的情况下，对方一定会进行辩护。辩护中，对方可能谈及设计变更，也可能主张"首先使用"的权利，甚至可能主张权力行使方的权利无效。尤其是关于"权利无效"的申辩，一旦被告侵权最先可能考虑的就是对方主张的权利是否有效。这样的话，作为权利行使一方就很有必要事先研究自身的专利是否存在无效性，您认为这点该如何看待？

丸岛：这一点当然是必须做好的。特别是我们看到最近的判决，出现了即使在专利局进行了注册，也会被法院判为无效的案例。一直以来，如果进行权利行使，特别是如果要提起诉讼的话，流程上就必须重新进行一次调查。因为专利局在审批专利申请的时候仅仅是在专利局的数据库中进行先行技术的查询，但这是远远不够的。

像这样"先斩后奏"并以此来一决胜负的时候，对方一定会从全世界范围内搜集先行技术。如果是这种情况，己方就必须做好缜密地调查。

　　的确有一种做法是，我方先进行攻击，然后观察对方的态度，看看对方能够搜集到多少证明己方权利无效的资料，根据对方搜集资料的情况引导诉讼的方向；但是，这种方式难免受制于对方的行动，我不太推崇。我想要进行权利行使的时候，都是很认真地调查了先行技术的。因为，我觉得如果不能确认该专利的真正价值就无法进行权利行使。总之，另一件重要的事，就是不能虚张声势，一旦要决定了就要付诸行动，这种姿态也很重要，这会影响你在业界的形象。权利行使就像举起拳头的行为，如果你举起了拳头，没有出击就缩回去了，业界对你的评价就会非常糟糕，就会给别人留下"那家公司是个孬种"的印象；因此，我一旦举起拳头就绝不收回。我是抱着必胜的信念走到今天的。

　　富冈：所以您的意思就是要创造能够获胜环境之后再举起拳头。

　　丸岛：的确如此。只要举起了拳头就必须获胜，所以我从来没有那种毫无准备地，没仔细研究就举起拳头的时候。我认为这一点非常重要。

第六节　被行使权利的情况

富冈：那么，站在相反的立场，当对方举起拳头发动攻势的时候，作为佳能公司的反应，首先考虑到的是什么呢？

丸岛：这还是要视对方状况而定。如果对方是同行，也经营着自己的事业，那么首先就要考虑攻击对方的资料，无论对方的弱点是一件还是多件的专利。如果等到被对方攻击时，才意识到要去寻找对方的弱点这只能说明平时的功课没有做足。就佳能的做法而言，只要是同行的话，我们平时就会关注与对方之间的关系。一旦对方突然进行攻击，我们在受到攻击的情况下相对于对方而言具有的优势在平时就有所考虑。

如果受到同行的攻击，首先是不可能保持沉默无动于衷，必须进行反击。客观上被对方先发制人说明我们的工作中存在了某种漏洞，那么这就意味着，或许对我们存在某些不利的因素；即使这样我们也必须抱着对方的事业经营中也必然存在漏洞的信念予以反击。

但是，如果攻击我们的对象来自其他行业，或者是没有进行事业经营的个人，那么就不一定能够活用己方的知识产权了。但是，只要是对方在进行商业活动，就一定要彻底地研究对方商业行为和己方知识产权间的关系。

与此同时，如果对方针对某一件特定专利进行攻击，也要考虑就这一件专利本身如何进行反驳。像我之前所说的，有效性方面就不必多说了，然后，回避策略等所有的一切都要考虑。在研究了这些问题基础上再进行客观评价，决定通过何种途径来解决这个问题，从某种意义上说也就算是交涉吧。

此外，还要关注对方是抱着何种目的而来的。是为了钱，还是想要阻碍我们的事业发展，这个判断非常重要。如果觉得对方是要摧毁我们的事业，那么这就绝不是钱能解决的问题。在这种情况下就只能考虑，是彻底回避与对方权利的冲突，还是干脆毁掉这项专利，或者是给予对方的事业更大程度的打击？除此之外别无他法，这将成为殊死之战。

第七节　权利行使≠审判

富冈：在使用"权利行使"这个词的时候，很多人第一反应就将其理解为审判流程、上诉审判等。但是，事实上权利行使的本质，如您之前所说的那样，应该是举起拳头，应该是对对方作出某种反击；绝不是以对簿公堂为目的的，最多是以寻找一个合适的着地点或者和解方式为目的。作为对权利行使的本质理解，我这样概括可以吗？

丸岛：事实如此。总之，能避免通过法律手段来解决问题是最有效的。我个人认为这是一个可预测的战略。

反过来说，拥有相对强大的知识产权实力足以形成战略性体系的一环就变得极为重要，并不是说权利行使就意味着上法庭。我觉得大多能用金钱解决的问题最后闹到法院去都是小题大做。只要中止对方事业的时候才有必要诉诸法律，至今为止，我还没有为除此以外的目的去过法院。因为仅仅是想要钱的话，不通过法律手段也能拿到钱。相反，经常有企业以钱为目的把我们告上法庭……

　　美国的企业特别喜欢把事情闹大，这是由于美国也没有印花税且向法院提起诉讼的程序也很简单。日本公司不太喜欢小题大做动不动就法庭上见，甚至有几次我们没有上法庭，只是通过谈判就让对方中止事业了。我们不愿意为了钱而打官司。

第八节　负责谈判的部门

　　富冈：关于协商和谈判，想请教您两个问题。第一，我个人认为，谈判是需要特定条件的，您觉得是这样吗？另外，您认为哪个部门最适合负责谈判和协商工作？

　　丸岛：说到哪个部门的话，我认为是知识产权部门最佳。知识产权部门把握全公司的技术，并能够掌握全公司的知识产权。从技术与知识产权这两点出发，还是知识产权部门参与其中最为理想。然而，尤为关键的一点是，在已采用公司制度或部门分工制度的企业中，进行谈判的人员从日常工作开始就要超越公司和部门视野，要能够站在整个企业的立场上进行战略规划，否则将很难站在企业集团的高度去进行谈判。因此，我认为知识产权部是最合适的谈判者。因为知识产权工作也不仅是针对单一事业或公司开展的，如果不能站在整个企业的角度来把握全局的话，也很难做好知识产权工作……

　　富冈：在前一章节您也说过，大企业中很难找到具有企业集团整体意识的人才，而相比之下中小企业中的社长或者CIPO就足以胜任这项工作。关于谈判，我认为对于大企业和中小企业来讲没有什么差别，您是否认同这个观点？还是说，您认为大企业和中小企业在谈判方面各自具有特殊性？

丸岛：由于能够把握全局，中小企业在这方面具有极大的优势，因为公司形成了一个整体。相比之下，随着企业规模变大，并且推行了公司制度、部门分工制度之后，就很难能把握企业的整体状况了。如果这个小辫子被竞争对手揪到，造成后果是很严重的。不是说企业规模的大小决定了孰强孰弱，只是从现实的角度出发，能够把握全局对于知识产权工作而言就是强大的优势。从这个意义上说，我认为大企业处在不利的位置，而中小企业却占有优势。但现在的问题是，谈判能力又是另一说了……美国的风投公司的老板当中，有很多厉害的角色，原因就在于他们能够一个人包揽经营、技术、知识产权等所有方面的工作，这样的人是真的很厉害。如果日本中小企业的社长也是这样的全能选手当然很好，但事实上却很难做到。

通常情况下，日本中小企业的社长在技术方面自不必说，也具有经营能力，但是，知识产权这一环节就略显薄弱了……

富冈：所谓薄弱，是不是指缺乏认识呢？

丸岛：没错。本质上讲就是经验不足。从商业生涯来看，特别是日本国内的商业人士，他们都未经历过磨难。既没有体

验过真正意义上的知识产权的恐怖，也没有感受到真正意义上
的知识产权的优越性，但是即使如此，他们的企业还是存活至
今。因此，他们才没有过多去关注知识产权吧。现如今都说知
识产权立国，然而如果真的要靠知识产权来做点什么的话，凭
他们这种临阵磨枪的状态是不可能成功的。从这个意义上讲，
日本企业的社长跟欧美企业的社长们相比，在知识产权方面上
就显示出劣势了；因此，必须想办法予以改进。如果仅靠自己
感到力不从心的话，就要找一个好的参谋。找到一个值得信赖
的，可以作为自己分身的好参谋，这是解决途径之一。除此之
外的解决途径就是通过自身努力来强化这方面的能力。

第九节　谈判人员的资质

富冈：佳能公司是如何培养具有谈判资质的人才的呢？

丸岛：这个工作很难。你要问什么样的人比较合适谈判，这也没有统一的标准。（笑）只能通过工作的积累，让他完成各式各样的工作，在这个过程中考察其能力。最重要的还是，是否抱有坚定的信念。这是意识层面的问题，这一点非常重要。你让那种缺乏信念的人来承担这项工作，无论他脑袋有多聪明也无法胜任。

富冈：可以理解为对这项工作的热爱吗？

丸岛：最好是能让他喜欢上这项工作。说白了，就是有没有"自己必须完成这项工作"的意识，这种境界可是很难达到的。虽然我自己觉得这项工作非常有趣，但是真正要进入这个境界的过程是非常漫长而无趣的。一旦你达到了这个境界你就能感受到乐趣。也有很多人会觉得，我为什么要花费那么大力气去达到这个"有趣"的境界呢？但实际上真的挺有趣的。我们那个年代，大家都希望达到这个境界。

富冈：似乎有克服此困难的气魄。

丸岛："为什么竞争如此激烈？""为什么要做到这么累？"越来越多的人开始抱有类似的疑问，这些人无论拥有多么聪明的头脑也无法成为谈判人员。在谈判中最重要的是，意识到你在处理的事务不是自己的钱包而是公司的财产。如果不认为公司的财产是最重要的，就无法进行真正的谈判。对自己的钱包斤斤计较而对公司的钱财就无所谓的人，是无法认真进行谈判的。因为，一句话就可能造成几亿，甚至几十亿的差别，谈判就是这样的工作。如果认为反正是公司的钱无所谓了，有这种想法的人不能进行谈判，抱着这样的心态站在攻击的立场上很容易妥协。我们需要的是：坚持到底直到达成目标的韧性。这个过程也许会很痛苦，还需要动脑筋。应该说是能够忍受也好，或者说如果不是达到了"喜欢"这项工作的境界，是不可能在真正意义上全力以赴的。所以，最重要的是首先要确定这个人是不是达到了这样的境界。

富冈：我听说佳能公司下设一个很大的部门叫作知识产权法务本部。而据我所知，某些公司还设立了专利外联课，也就是负责对外联络、谈判的部门。该部门的负责人是对外联络方面的专家，而这个专利外联课可以说就是专门负责谈判的部门。佳能公司当初没有想过设立类似的部门吗？

　　丸岛：现在或许有外联课这样的头衔了，但我从来都没有考虑过对外联络这方面的事。之所以没考虑过是因为我觉得光靠对外联络并不能解决问题。就是说，一个案件如果不能了解整个周期、过程的话是不行的。所以最关键的是，要充分了解智力创造循环和事业周期的全貌，在此基础上采取对策，否则就无法进行谈判。所以我认为，不管表面上名称叫的是否响亮，关键在于是不是有合适的人在其位、谋其职。

　　我把注意力更多的放在如何让更多的同事在日常的工作中看到整个事业周期的全貌，而非放在所谓的专门的对外联络课的经营上。与负责对外联络的部门合作，确保对外联络工作不间断的展开，不也挺好吗？另外，了解整个事业周期的人，如果能够参与到对外联络的工作中就更好了。如此一来，一个人能够一览事业周期和创造循环全貌，并在此基础上开展工作，他一定能从中感受到自己工作的价值所在。否则，如果不能看到整个周期全貌的话，就不可能像我之前所说的那样"坚忍不拔"，如果不是深爱着这份工作是不会有动力的。

　　富冈：这是不是也跟对自己目前在公司的定位不太明确有关呢？

　　丸岛：的确如此。如果没有自己在关注整个商业周期全貌的意识，就不会有努力工作的想法。比如觉得我只负责申请专利，或者我只负责谈判等，这样的想法是不行的。

其次，说到怎样的资质比较关键的问题，必然是逻辑性。特别是谈判中，因为直接关系到合同，不把它们关联起来是不行的。一致性很关键，不能经常转换方向。要保持一致性，也就是要在长期的谈判过程中有预见性，并保持立场不动摇。即使动摇了，也应该是曲线救国。因此，只有能够一边观察对手一边进行预测从而引导谈判向理想方向行进的人，才能获得最终的胜利。走一步看一步，受制于现状的人即使有好胜心也很难成功。

富冈：这应该是谈判桌上的"硬汉"应该具备的品质之一吧？

丸岛：是的。当然，谈判的时候拍桌子是不能把别人吓倒的，（笑）这个谁都不能做到，在美国就不仅是靠强硬的态度了。能够做到公平公正的谈判，别人才会认可你是一名值得尊敬的谈判家，普通的强硬只是虚张声势。而所谓的谈判，要是不在某种程度上为对方考虑的话，就不可能在和谐的氛围中结束。这一点也是尤为重要的。当然，这跟作出不必要的让步完全是两码事。

富冈：也就是说要知道适可而止，这一点也变得尤为重要。

丸岛：没错。所以首先自己要有能力作出判断，谈判进展到哪一步会对公司造成何种影响。这种影响在多数情况下不是指金钱方面，而是关系到专利的谈判、技术的谈判。要能判断从对方手中获得的专利与技术，能够带给本公司什么好处。所以，要想成功斡旋，就必须能看清楚在得失过程中，本公司究竟在哪些方面获得了怎样的好处。我认为这一点很重要。

如果是单纯计算金钱得失的谈判就很简单了。基本上，只要通过言语沟通就能拿到钱，但是往往醉翁之意不在酒，谈判双方的真正目标是技术。因此，在不亮底牌的前提下进行谈判时，胜负取决于你能在多大程度上读懂对方的心思。这就不仅关系到对方公司目前的业务，还与其将来的业务有关。必须对这些信息都有所掌握，而这正是难点所在。因此，能够深谙对方心思，并在合适的条件下与对方达成协议，定会为公司日后的业务作出巨大贡献。从事业部门的角度出发，会对你做的这些工作心怀感激，因为这对他们而言是十分重要的。

所以，我认为知识产权工作的核心就是谈判与合同。为什么说这是一项有趣的工作呢?其原因就在于，目前为止自己花费气力去了解事业周期及智力创造循环的全貌，并尽力做好各项准备工作，目的就是为了完成最后的谈判、签订合同。能亲自将自己所有的心血带入最后的谈判，并签订一份优质合同的话，难道不会非常有成就感吗? 这就是知识产权工作的价值所在。因此，从平时开始就创造良好的环境，让全体员工都能体会到工作的价值所在，从这个意义上说是非常重要的。因为如

果没有良好的环境，员工即使有劲儿也无处使。至少要让大家
觉得只要努力付出了就能作出成绩，这点非常重要。

第十节　不同时代对知识产权的解读

富冈：我在昭和五十四年走进了专利的世界，当时还被称作专利工，怎么说呢，既不能进行技术开发，也不能开展设计，那就只能去专利局读读公告了。不知道将那个时代称作知识产权的寒冬恰当与否，但是那样的时代是确实存在的。后来渐渐地，专利部门变成企业的组成部分之一。再后来，说盈利可能有点过，但专利部门多少也为企业的利益作出了一定贡献。近年，我觉得专利部门的地位逐渐提升，发展成为一个战略性部门。对此您有何感想？

丸岛：我倒是希望如此。（笑）专利部门的地位真的在提高吗……应该说，对于知识产权工作，现在存在各种各样不同的观点，这倒是实话。我们那个时代，人们基本不太评论知识产权工作本身，只是很纯粹的认为知识产权是为促进事业发展服务的。当时也没有人会想到"倒卖专利"来赚钱。然而现在，有些人将知识产权视为事业发展的战略环节之一，另一些人则关注知识产权本身，认为只要将其倒手转卖就能获得财富。看现在的发展趋势，要问到底哪种观点更重要，恐怕未必所有人都会选择前者……

我认为关注知识产权的人在增加是不争的事实。所以，我不认为将知识产权作为资产转换为金钱的做法是错的，但我着实对这种做法没有什么兴趣。所以，跟抱有那种想法的人也没什么来往了。知识产权对事业作出贡献，促进事业发展，其结果自然就财源滚滚了。为了促进事业发展而发挥知识产权的作用，我想这才是最正统的观念吧。

富冈：这一点无论是在过去还是现在都没有变化。

丸岛：没变化。诚如你所言，人们对于知识产权的认识程度的确在不断加深，但是要问是不是沿着传统的观念方向不断加深呢？就会有人说，传统观念已经过时了。现在谁还用知识产权发展事业啊，只要有知识产权本身就够了……我觉得现在出现了类似这样的对知识产权的错误解读。

大体上，如果没有制造业为背景就绝对不会有知识产权的立足之地。即使短暂存在，也会是昙花一现。因为知识产权是有限的财产，生命力不长久。所以如果不跟研发工作紧密结合，就无法产生持续的知识产权。眼下还有一种流行的做法，就是不断购买知识产权，再应用到自己的事业中。我对这种做法没什么兴趣。

不过，可能这种做法赚的钱更多吧，但这种做法是最近十年间兴起的。暂且不去评价其好坏吧……

富冈：所以，归根到底您的基本理念就是，知识产权如何在智力创造循环和事业周期中发挥作用从而促进事业发展。

丸岛：我认为这样的工作很有意思，也很有价值。

第三章

企业内知识产权人才的培养

第一节　培养知识产权人才重在"调动积极性"

富冈：那么接下来，想向您请教培养人才方面的问题。首先人才资质方面暂且不论，作为企业来讲该如何考虑培养人才的问题呢？例如，机构方面、组织方面、制度方面等很多影响因素，请您谈谈如何创造利于培养人才的环境。

丸岛：首先我认为最重要的是，如何调动员工的积极性。员工进入斗志满满的状态之后，接下来就必须营造一个良好的工作环境。所以，在首先调动起员工的工作积极性，再营造一个适于工作的环境，两者缺一不可。

就我自身的成长经历而言，我认为主要归功于良好的环境。简单的说，当时知识产权工作不像现在这样备受关注，但是只要自己有意愿，就可以将这项工作不断深入下去。当时我就处在这样的一个环境里。想进技术部门就能进，只要我想，不管什么部门都可以自由进出，跟谁都可以自由讨论。当时由于我出入研发部门过于频繁，都有种"知识产权部门所属，研发部门现役"的感觉。在当时的环境下这些根本不足为奇。

当然，那时候佳能还是个小公司，所谓的"组织结构"形同虚设。在那个时代，所有的工作都是依附在人际关系之上开展的。由于经历过这样一个时代，某种意义上可以说环境是非常的好。只要自己想做，环境就会为你提供足够的条件。

回顾这段经历，当时技术部门的最高负责人铃川的一句话让我受益匪浅："将来专利和设计会变得很重要"，那是在1960年，就是这简单的一句话。当时周围的人，几乎都不认为知识产权有什么太大价值，但是当时的技术部门的最高负责人却对我说"将来专利会变的非常重要"。正是这句话，激起了我的无限斗志。

另外一点，是在我成为部长之前的事情，经常会被要求思考一些问题，问题的中心是站在公司的角度应该如何作为。其中既包括现实的问题，也包括假想的问题。到那时之前我都是以某项事业的发展为出发点来考虑问题的，但这是要求我站在公司的角度来考虑问题。这两者的区别在于，某项事业是局部，而公司是一个整体。到了后来我才明白，这是要培养我以全局眼光看待问题的能力。因为要想问答这个问题，就必须对公司的整体情况有所了解。例如，不单考虑相机业务，要考虑包括所有其他业务在内的公司整体状况。与此同时，这个问题还关系到同行的动向，因为肯定是存在竞争对手的，所以如果不了解整个业界的情况，也无法回答这个问题。这样的问题不断地抛给我，而关于这些又不存在所谓的标准答案或者指导教材，所以只能自己进行思考。当时非常痛苦，考虑之后得出了自己的结论，拿着结论回去交差，也得不到褒奖或者批评，得到的只是下一个问题，就这样反复持续了两年时间。

富冈：时间挺长的啊。

丸岛：的确很长。不同的问题给予的回答期限各不相同。有的是第二天，有的是一周后，像一个月左右的也有。就这样反复持续了两年，最后终于形成了与铃川先生相同的思考方式，于是就成为了部长……或许这是升为部长前的测试吧。（笑）但是，现在回头想想，这段经历让我受益匪浅。

现在想想，那时的环境可谓自由。我一进公司就开始与课长探讨问题，虽然可能很多人都会觉得我这个新人太不知天高地厚了，但当时真的讨论得非常激烈，气氛非常好。因为在这样的环境中成长，自己感受到了斗志，一步步闯过来。由于我当年的经历，所以对于现在的年轻人，我觉得我们有责任给他们创造出一个类似的环境。但是佳能已经不是我刚入职时的小公司了，已经发展成为大公司了，组织规模很庞大。即使在这种大规模的组织中，我也希望尽可能帮他们减少障碍，让他们拥有更大的自由。具体而言，就像我之前所说的，让他们了解整个事业周期的全貌。尽管具体负责的技术项目有限，但只要是与其负责技术有关的，无论哪个开发部门或是研究部门，我都会为他们创造自由出入的环境。营造这样的工作氛围，创造这样的工作环境是十分重要的。

与此同时，让他们意识到这项工作既重要又困难，这点也非常的重要，最初的阶段要吃不少苦头。学技术出身的人如果从事技术工作，就相当于对学校学习过程的延续；但是，很少有人是知识产权专业出身然后从事知识产权工作的。大都是学技术出身的从事知识产权工作，这就属于改行了。当然，现在或许有很多科班出身的知识产权人才了。

知识产权涉及技术、法律、语言这三方面的技能。三个领域中任何一个领域出身的知识产权工作者，都必须学习其他两项技能。入门的领域倒是很广，对象又是新入社员，但如果不跨过这一道槛就无法继续前进，我认为没有其他哪个部门是这样的。入门门槛低，员工可能会能产生抵触情绪。

所以，要缓和他们的抵触情绪。每个新人都不容易，入门一年，两年，甚至三年之内都感受不到任何乐趣，五年之后终于开始尝到点甜头，十年之后才可能真正体会到这项工作的乐趣。所以，要让新人对十年之后充满期待。对于刚入社就被分配到知识产权部的新员工，我每次都对他们说这些话。正因为是新人所以更需要告诉他们真话。这当中哪怕只有一两个人能够充满斗志成长起来的话我就倍感欣慰了，不可能奢望所有人都能做到。因此，如果十年后听到有人对我说"果然如您所言"我会非常高兴。而事实上刚才我也说过了，有些人就是讨厌为了事业去工作，或者为了发明者去工作的人，这种人就不适合从事知识产权工作。无论头脑多么聪明，抱有这种想法的人就不适合知识产权工作。所以，培养人才的一个前提是，必须是愿意为了发明者、事业、公司而工作的人才行。此外，还要有不管三七二十一做了再说的气魄。只要具备上述两个特性，再加上公司提供的适宜环境，他们就能够成长为真正的知识产权人才。所以，虽然经常有人对我说"不在各个部门轮岗就不能成长"，但就我自身经历而言，我并没有经历过这样的轮岗，我认为知识产权部门的工作不需要员工在公司其他部门轮岗，只要员工能够根据工作需要，有针对性的前往相关部门学习，获取必要的信息，就足以让他们成长起来。

富冈：只是说在人事层面上不进行轮岗，但在自己的工作中还是要进行轮岗吧。

丸岛：没错。只要自己有意识地抱着学习的态度前往不同部门，学会站在部门的立场上看待问题就可以了；所以我从不认为人事层面上的轮岗是必不可少的。因为，即使去轮岗，如果员工本人只是机械地完成交代下来的工作，那也得学不到任何东西。重要的是员工本人如何与有关部门进行合作来完成工作。

此外还有一点，要能够站在对方立场上思考问题。我认为在知识产权工作中，站在对方的立场上考虑问题是非常重要的。所谓的对方，不仅是存在于公司外部，同样也存在于公司内部。在实际的对外工作中，对方无处不在，而且，很多时候对方和自己的利益是对立的。正由于是这种类型的工作，能够在对方的立场上考虑问题就变得非常重要。在此基础上，也要能够同时站在双方的立场上考虑问题，不具备这种能力就无法顺利地开展工作。

如果只站在自己的立场上考虑问题，我个人认为工作无法顺利进行。刚才谈到权利行使的时候我也说过，某些情况下必须真正站在对方的立场上，进行严肃的探讨。事实上能否做到这一点就是决定胜负的关键。越是偏执，认为自己没错的人，越是立刻就举起拳头；然后，马上又放下拳头。（笑）我认为，公司内部的讨论尤其要认真对待，更能显示出创造良好环境的重要性。尽管组织规模的壮大不利于创造自由宽松的环境，但幸运的是在我们公司，历任社长对知识产权工作都有较为深刻的理解，而我也自认为竭尽所能了，所以最终创造出了良好的环境。

第二节 人才的闪光点

富冈：先生您看到年轻人的时候，能辨别出这个人是否是可塑之才吗？

丸岛：看不出来啊。（笑）我年轻的时候，也曾经被别人误解。我是个性格非常直率的人，所以，当时人事部长就说我不适合谈判工作。但是刚才我也提到了，技术部的负责人还比较看好我，他就让我去负责谈判。结果谈判进行的非常顺利，人事部长就特别惊讶。有一种看法认为一个人平日在公司里的表现，就代表了这个人的全部能力，但我就不在公司里表现。在公司内部表现再好也没用，要表现就在公司外表现。在公司内部表现的人，往往是那些在外就上不了台面的人……

言归正传，所以说是不是可塑之才很难一眼看出来，因为有些人才是大器晚成型的。做知识产权工作的人，你很难在他刚入职的时候，就对其能力下定论，这个人能干，那个人不能干等。我们公司就有一个员工，在知识产权方面为公司作出了很大贡献，但刚进公司的时候，他表现出一副懒懒散散的样子，慢吞吞的性格让人心急，（笑）所以在公司内部的评价很差。但是，其实他是个非常有毅力的人，最后成为了专利申请方面的高手。暂且不说他能不能胜任知识产权方面的所有工作，但至少就申请专利这一块而言，他是出类拔萃的。这样也可以啊，即使不擅长谈判，但只要能做好专利申请工作，一样也是人才。至于后续的谈判工作再找其他合适人选去完成就可以了。

所以，并不是说人人都要成为通才，在哪方面能力超群就应该给予相应的认可，这是非常有必要的。我们给所有员工创造平等的环境，确保他们在任何方面都有成长的土壤。之后，谁会在哪方面崭露头角，那就因人而异了。

有的员工不喜欢起草说明书，让他去做中间环节的工作他就躲开，总是给同事添麻烦，但是他的想法却很独到。所以与其待在知识产权部门，还不如让他去研发部门，从研发工作的角度让他去做申请战略方面的工作。他的思路真的很棒，但是自己却不愿意写说明书，说自己写不好，这样的人也是有的，所以要结合人的特性。即使是中途才发现，也应该及时给他安排能够发挥其长处的工作，人才无法脱颖而出的话就很糟糕了。

第三节 知识产权工作需要"细心与大胆"

富冈：所以说教育和培养人才，还是需要从长计议的。

丸岛：因为你急也急不来。这个过程涉及东西很深很广，短时间内是不可能完成的，所以一般要耗费数年时间；但在这个过程中持续观察的话，大体上都能逐渐看出每个人的特质。

过于懒散的人不适合负责合同方面的工作，合同工作中逻辑性的影响力还是很大的。知识产权工作中，有的环节需要"细心"，有的环节需要"大胆"，而这是一组相互矛盾的性格。所以你想让同一个人来完成所有的工作，基本上是不可能的。很少有人能够同时具备这样的双重性格。

我在工作中性格就会转变，本来是很粗心的人，但是一涉及工作就会变得很细心，（笑）我认为这是职业病吧。有一次，我的车在加油站被撞了，加油站工作人员说："我们帮你修，你写一份空白委任状吧。"我当场就写了一份空白委任状。但是，如果是有关公司的事情，我是绝对不会写什么空白

委任状的。（爆笑）

因为是我个人的事情，所以只要我信任加油站就可以这么做；但是在工作中是绝对不会做这种事情的，我能分清私事和公事。自己的钱是自己说了算，但公司的钱和财产，必须慎重对待。这种想法非常重要。

第四节　知识产权人才是技术人才还是专利人才

富冈：以前我有过业务往来的一家制造企业里，知识产权部门的员工和管理层之间经常发生争执。因为，一般在制造企业就职的员工，多是学技术出身，所以希望从事制造方面的工作。例如，要是在汽车制造公司，就希望能设计、制造汽车，或者搞技术研发。像佳能公司这样的话，就会想生产相机、电子产品等。

这些员工是希望能够通过生产和制造工作来实现自己作为技术人员的价值，可是一进公司就被分配到知识产权部门。于是，他们经常会跟管理层发生争执，管理层会对知识产权部的新员工说："忘记你们的技术出身吧！"但这些员工立马就会予以反驳，说"不对，我们不是这么想的！"

丸岛：好复杂啊。我觉得现在大家都是主动申请到知识产权部门来工作的。我们那个时代由于大家对知识产权工作的认识比较匮乏，所以没有人是主动申请进入这个部门的。当然，学技术出身的直奔技术部门而来，结果却被分配到知识产权部门了，遇到这种情况谁都会感到难以接受吧。我当年是糊里糊涂就被分到知识产权部了，所以，也不算是主动请缨。当年我是在实习期当中突然被分派到知识产权部的，本来我也以为肯定会去技术部的。结果由于知识产权部的一位前辈离职，一时找不到人补缺，就把我抓过去了。我那时候对知识产权也是一无所知的。本来四月份入职，到七月份为止是实习期，一般是实习期结束后再分派部门。结果我实习到中途，就突然被分派到知识产权部了，连部门面试也没有……

我就是这样稀里糊涂开始了这份工作，根本也谈不上什么工作意愿。刚开始我经常跟课长说想要干技术工作。于是，课长就说"等有人来接替你了就换你去技术部门"，（笑）事实果真如此。两年后才招到了另一个人。然后，领导就说要给我换部门。那时正好新成立了一个产品研究课，负责包括复印机在内的新型业务，我可以转到那里开始新的工作。

然而，真要给我换了，我却改变主意了。我想，好不容易开始体会到知识产权工作的乐趣所在，况且现在再转到技术部门重新开始，中间已经有了两年的空白，所以，我决定留在知识产权部门。结果课长都答应我要给我换部门了，我却没有去。我就是在那时决定将知识产权作为我的人生事业的，在此之前我一直就吵着要换部门。（笑）

　　恐怕当时根本没有人是主动投身知识产权工作的，这点毋庸置疑。但是还有另外一点，刚才我提到的，当时的技术部门负责人铃川，就是教给我很多东西的人。他告诉我，不要动不动就自称是"xx家"。他的原话是这样说的："不过是在学校读了两三年书，学了点皮毛，就开始自称专家了？你的价值取决于你进公司之后为公司作出了怎样的贡献。"我一听，觉得这话有道理，随便给自己扣上一个"技术工"、"电器工"之类的帽子感觉很奇怪。如果说对自己的定位取决于进入公司之后做过些什么的话，我想我只能自诩为"勤杂工"了。（笑）

　　不过我认为这是一个事实。仅在学校读了两三年的书，就给自己进行角色定位实属操之过急。其实每个人身上都存在很多可能性，但大多数人都太习惯于把自己束缚在某一个范围之内……这是我从铃川的话中领悟到的心得。从那之后我就很少用"××家"这样的说法了。重要的是自己在公司里面做过哪些工作，是否能在工作中不断成长。所以，我不是很在乎自己的定位究竟是"技术人员"还是"专利人员"，关键是要在工作中寻找乐趣。

　　另外，毫不夸张地说我那时基本一天中大部分时间都泡在公司工作。因为我想，反正是在公司工作，倒不如学会享受。如果不学会享受工作的话，人生也会变得无趣。所以，挖掘工作的乐趣所在反而显得极为重要，对于喜欢做的工作就是爱不释手。

感觉要做到这种程度也挺不容易的。沉溺在工作的乐趣之中，时间一眨眼就过去了，这跟靠娱乐设施打发时间可完全不同。总之当时就觉得如果在公司不快乐的话，人生也就索然无味了，所以才有了后来那种思考问题的方式。

富冈：其实如今这个时代也一样。至少从早上九点到晚上五点之间的时间是在公司度过的。如果把这段时间当成是对生命的束缚，而不能从中体会到乐趣的话，我想真的是很难忍受的一件事情。

第五节　将知识产权部门与研发部门同等对待

丸岛：我曾经负责过与下丸子地区公会协议会的谈判工作。总公司是在新宿，于是工会就派人到下丸子来，跟我讨论限制加班的问题。因为下丸子分公司的员工大多是技术部门的人，于是我就直接跟工会说："怎么能限制加班呢？难道你们不知道对于搞技术的人来说，没有比想干活儿的时候不让他们干更难受的事情了吗？"结果工会的人听了以后回答我说："这些我们心里很清楚，但是请您不要说得这么直白。"（笑）当时这样的对话毫不稀奇。虽然双方都知道按照这个方向继续说下去就完全背离了工会原本的意图，但那个时候，大家都理解这种心情。

对于技术人员来说，在他们想要做事的时候能够无拘无束地干活，是人生的一大幸事。而最痛苦的事情是什么呢？一是强迫他们做自己不愿意做的事情，二是他们想干活的时候你却不让他们干。虽然毫无节制并不是好事，但最终，做技术和做专利的人，他们的工作热情是相通的。

充满热情的时候想干活。所以基于此我从来没有强制实行加班制度。过去虽然也有经济不景气的时候，但是由于技术是一切的原点，如果由于经济不景气就施行加班制度的话，景气恢复的时候技术上却没有突破的话那就不好了。"我来负全部的责任"，就从来都没有施行过加班制度。

那么，如刚才讲过的，虽说现在时代不同了。当时，优秀的人都集中在开发部门，对知识产权部门说起来的话，这样的话或许是有些极端，不过当时确实有这样的倾向；并且，要获得公司制度内的身份职位的话要通过考试。如果没参加这样的考试是很严重的事儿，无论开发部门和知识产权部门的人是否能通过考试，大家都会非常努力准备的。如果合格率很低，那说明大家缺乏工作动力，我就负有执行责任。合格率低的话就要让渡分配权。这样的话都录取优秀人才不就可以了吗，又不用让渡分配权，被分配了之后如果在考试中落榜了的话太不像话了，所以要努力至少保持和开发部门的合格率相同。

之后就是组织。总之，与开发部门，业务部门做着相同的工作，所以组织规模上应该与这些部门相同。不同部门中办公室最大的是部门，其次是中心，然后才是本部。不变成大部门的话就变成大本部也行，但是当时没有这样的组织规划。于是，知识产权部门的组织规模跟开发部门和业务部门相同，都是隶属于本部下属的组织之中。

富冈：对啊，先生当时您是知识产权法务部本部长啊。

丸岛：是的。我做到了那个职位，当时本部是最高级别的组织。当建立中心的时候，旁边的大型电器制造商的知识产权部门的人就说"多好啊"，有个电器制造商只有部级别的部门，况且只有一个部长，尽管人很多但是大家都不可能做到部长级别。如果建立中心的话，除一人担任中心所长职位外，再建立一些其他的部门，大家都说这样不是很好吗？

那么会有人说"要是能建立自己的办公楼难道不好吗？"我认为"我们不能这么做"。为什么说呢，知识产权的工作者大多比较年轻，但是在工作内容上又要接触一些非常重要的信息。例如想要进行合同关联的工作时，那些非常重要的信息都是掌握在业务部门中级别比较高的人的手中，级别相当高的人。

开发部门也是一样的。不管怎么看，他们接触高层的机会都会比知识产权部门的人要多。因此，如果光知识产权部门独树一帜的设立"课"级组织的话，我们就更加不好开展工作了。所以，至少要在组织规划上保持一致，之后即使位居其下，但是也要努力的营造适合工作的环境。普通情况下，同僚中自然是同期的人会建立友谊，但由于知识产权部门的工作与比自己级别高的人共事的机会比较多，所以并非如此；而且，给这些人营造一种无差别的工作环境至关重要。否则凡事都要我亲自安排的话，就无法培养年轻的人才。这里的环境营造方面，真的做到了超乎想象。即使从外界看来也是一无所知的。

富冈：我能理解先生您刚刚讲到的内容。我认为确实关联到工作热情。

丸岛：我一直致力于这方面的工作。这是环境营造中最重要的环节。这么做，还是想要提高年轻人的工作热情，让他们成为重要的力量。

富冈：我觉得没错。

丸岛：结果，就是我们的合格率要比开发部门高很多，（笑）因为这里面有很多细致的工作。"我们的人一旦不合格或许就无法漂亮地完成工作"。（笑）这个是秘密。（爆笑）不管怎样，首先要提高合格率，其次，也需要开发部门意识到"知识产权部门很厉害"从而重视这份工作的重要性。我当时平和地说了这些话。

第六节　专利部门是发展事业的好帮手

富冈：知识产权的工作是以业务的发展为目的，因此知识产权和业务之间缔结了牢固的双向关系。

丸岛：正是如此。如果反对这种关系的话，就绝对不会有今天的发展。由于手头上有最棘手的工作，况且总公司已经花了很多钱，所以事业部就会对我们抱怨到"在胡言乱语什么，干好手头的工作"。然后，由于我们当时从属于总公司，我就说到："如果说不需要总公司花那么多钱的话，专利部可能会解散。"然后事业部就反驳到"专利部不是总公司"。专利部有所不同，所以专利部被认为是事业的伙伴。像这样，实际上与也业务方面保持了很密切的合作关系。正是由于一边与总公司保持联系一边又与各业务部紧密合作，于是就掌握了公司整体的情况。

另一个案例是，按照总公司部门分拆的指示，组建业务部时，设计，光学，试作，品质保障以及知识产权，都应该被要求分拆到事业部门中去。但是，唯一反对的就是专利部。我直接对社长提出了反对意见。我对各个业务部的负责人说"你们究竟是因为什么要专利部分到事业部，是为了便于指使吗？如果是因为这个目的，那么即使不分到事业部去，我也会为了你们事业部而努力工作的。"结果最终留在了总公司的只有专利部。在各部门都被分拆出去的时候，唯一一个留在总公司并且一直保留下去的只有专利部。结果到后来，在被分拆到事业部的部门回到总公司，但是在经营会议上质疑到"当初支持分拆的人为什么又回来了"的时候，虽然对方很生气，只能回答到"时代不同了"。（笑）

当时已经退休的铃川先生夸奖了我在这件事上的做法。就是说"你小子记得我的话，干得不错"。做这些事的时候，我就是部长。做部长的时候都没能说服无论是业务部部长抑或是社长。

富冈：那时，是部的时代。

丸岛：没错。因为公司的指示是按照部门来拆分。如果是按照部门来分拆的话，本来是不应该有这么多人的，但是这方面的呼声就越来越小了。各业务部门间的技术重叠越来越多却仍然这样下去的话，毫无疑问，我很反对。并不应该把全部都集合起来，取而代之的是应该为了对方的业务去努力工作。

一个人做很多份工作，最终应该是会完成的。这应该是为了让大家能够进入到各个事业部门而制定的标准。总公司的研究所也是这样，即使相对于事业部的开发，仅是专利部在从属于总公司的同时大家去哪儿都行。一直都是这样持续下来的，以致于后来成为社长的手洗笔先生惊讶的问到：其他部门相互沟通都无法工作，为什么单单专利部在这样的情况下却可以呢？又对我说"请你去负责研究开发方面的工作吧"。

我说为什么要让我去负责研究开发工作呢，我又不懂技术。社长就说，如果你能打破这种壁垒，我就提拔你去担当这方面的工作，于是我就负责研究开发部门的工作了。

那时候，无论是事业部还是总公司的研究所，都形成了隔阂。总之专利部就没有这层隔阂，能够在与全公司各部门自由地沟通交流，完成工作的只有专利部。

富冈：某种意义上，这是必然的结果啊。

丸岛：没错，理所当然的事。只要不构筑这种状态，既不能掌握全公司的状况，在知识产权方面，也无法站在法人的立场上掌握情况。虽说是理所当然的，但理所应当的事情也要踏实地持续做下去。如果自己去建立隔阂的话，那么一直干下去也绝对不可能顺利地完成工作。因为研究所本身就应该在总公司，要是一直按照这个步调的话也是能做下去的，之所以无法干下去的原因就是相互之间起了隔阂。

我负责研究开发部的时候也曾努力的去消除和事业部之

间的隔阂，即使在研究所内部能跟研究所最高负责人和部长进
行非常多的交流，但是部门间的交流却不同。并且，被要求把
我自信满满的事业化研究方面的成果全部放在看板上进行展
示，总之就是在接受众人评价，我说没问题的话那就要制定预
算。年轻人渐渐地展现了成果，也给他们申请了很多的预算，
这些也是我应该做的。认真地说的话，是很廉明的。做了这些
事儿，那就必然会使年轻人都充满热情的工作。不这么做，那
就会变得很郁闷，那样的话就很糟糕。我们的优势就在于这种
廉明，不分上下大家充分发表意见。当时公司就形成了这种良
好的环境并且随着外人部队（中间录用）人才的大量涌入，这
种优势更加得意显现。最初我们是禁止吸烟，禁止饮酒的，大
体上有这些习惯的人就不会被录用，我就是落榜生。但是在开
发电子照相时，录用了大批的人才，这其中有很多人都喜欢抽
烟、喝酒、打麻将，之后就变得不能再禁止做这些事情了。技
术工的世界是完全不同的世界。当然，那边的势力处在优势，
并且，整个公司的文化也发生了变化。像过去过于认真的技术
部门，中间录用的人数占有压倒性的优势，并且，我们这边的
颜色更加丰富自由。那么在公司整体上是怎样的呢？就是中间
录用的的人被影响的比例更高。经常说，中间录用的人之间不
会成为公司干部，在我们公司，却有过干部结构中反而中间录
用的人人数更多的情况。曾经有过事务机部门基本上都是中间

录用的人的时候。这种现象对于当时公司来讲是非常好的。所以，仅凭实力主义的话，后来不就什么问题都没有了吗？也没有派系，没有任何派系的实力主义。

富冈：难道，这就是中小企业能够发展为大企业的必经之路吗？

丸岛：没错，就是那样。所以，知识产权部门的话，那些中间录用的人就说"来这里工作，真的很有挑战性"。因为技术类的人，没有什么派系，接着就是依靠自己所以没有什么挑战性。之前的公司因为有派系存在所以基本上就决定了一生的命运。那时公司有很多能够左右命运的人，并且，这些中间录用的人，即使组织规模变大，由于他们知道如何成长也不会忘记拼搏的精神。如今，尽管公司规模变大，新任用的员工来到公司的话，就会认为公司的规模是理所当然的事。中间录用的人就会告诉他们："不是这样的。专利部门为了公司的现在，一开始就付出了很多的努力，才成就今天的"。

富冈：这样的话，新人反而能明白知识产权部的优势吧？

丸岛：是的。总之，有的人到其他的公司去，即使再怎么勤奋努力的工作，也不会全面地理解什么叫知识产权。那么这个人来到我们部门，就会感觉这份工作是有价值的。当时，我对中间录用的人才，是要求接受部长面试就可以了，但是对于新人用员工就不用。但是一旦进入公司的话，无论是中间录用的还是新人用的人都是一视同仁。由于大家一直都是在这种良好的氛围里工作，大家充满热情以致工作起来非常简单轻松，所以一直都在那根延长线以上。大家就会认为这是理所当然的。但是，去听一听其他公司的情况的话，感到很意外的是他们并不是这样的。由于至今还没有形成这种工作环境，好像有很多公司都备感苦恼。

第七节 结 语

富冈："干劲，挑战"，这部分是第一位的关键点。

丸岛：即使你对自己的头脑不是很有信心，只要拥有挑战精神就没有问题，像头脑差别都不是问题。

富冈：最后非常感谢您说的这么受用的话。

丸岛：真的是这样。无论多么聪明，不充满热情的工作的话就不会有任何的效果。

富冈：也就是说，个人要通过自身的努力对工作充满热情，公司通过各种形式致力于发挥大家的工作热情，通过创造这种的工作环境，并持续发展下去的话，那么人才的培养发展就可以持续下去。您看我这样理解正确吗？

丸岛：没错。首先必须自己要努力，但是如果这种努力不是在良好的环境中的话，也不会成长。

富冈：没有能够让大家发挥的环境的话。

丸岛：这还是在于领导的责任，我认为领导需要负有责任地创造优良的环境，如果两方面都不努力的话就无法培养人才。

富冈：一眨眼，就到采访结束的时间了。通过这次整体的采访，先生所说的有关知识产权方面的知识都将成为今后我们的目标及标准。

丸岛：先暂且不谈能否作为目标，因为我已经从事知识产权工作四十年了，知识产权工作是基础，只要勤奋努力工作，任何工作都能成为天职。好像说了跟知识产权无关的话题。但是，现实中是应该有这种达人的。我也希望各位读者能够拓展视野，志存高远，超越无限，为自己的理想而奋斗。

富冈：真的很感谢您的鼓励。

丸岛：同样感谢您的采访。

后 记

感谢您的购买及阅读。本书是我与富冈康充先生的对话录，回顾本书，虽然预期的效果是浅显易懂，但由于我语言表达能力欠佳，最后使得内容难免有些生硬晦涩。 但愿读者不介意此种缺憾，能够从本书中读懂我的意图，我将不胜感激。

本书中的部分内容在月刊杂志《发明》（2007年7月~8月刊）上已经有所介绍，本书是基于当时收录的全部内容整理而成。

自日本政府提出知识产权立国口号，并推进实际应用制度改革以来，至今已五年有余。尽管有关知识产权的知识及意识广为普及，但我深感不仅在中小企业中，甚至在大型企业中，真正意义上的知识产权经营状况并不乐观。究其原因是在变幻莫测的经济大气候下企业的经营环境也愈发严峻所致。但是，从长远来看，若想持续提高日本企业的国际竞争力，我认为严肃的知识产权经营管理是不可或缺的。

虽然也有人推崇将知识产权作为资产直接进行市场运作以获得财富，但我始终认为日本的知识产权立国方针重视的是以制造业为依托的知识产权经营策略。

本书的主要内容是关于本人在一个制造型企业的亲身经历，是关于如何通过知识产权的创造、保护、运用来促进公司事业发展的知识产权工作心得。由于时间有限，很遗憾未能谈得更加全面，不过关键的问题都有所涉及。或许只是一家之言，但若能为诸位的知识产权经营工作所用，将不胜荣幸。

现在，在财经产业省的带动下，各企业都积极开展知识资产管理工作。知识资产管理是对包括知识产权在内的一切无形知识资产加以重视，将其作为企业经营资产的一部分进行有效运用的经营活动。详情可参考为中小企业编写的《知识资产管理手册》（独立行政法人中小企业基础建设机构，2007年3月发行）。知识产权是知识资产管理中不可或缺的要素。

目前时兴的做法是发布知识资产报告书，以通过知识资产管理来提升企业价值。为了达到这个目的，首先必须着手进行知识资产（知识产权）管理。

本书主要围绕知识产权这一部分，阐述了我对知识资产管理的理解。

知识资产管理涉及企业的各种资产，但从知识产权的角度上看，可以极端地理解为是一种重视常态的知识产权经营活动。要进行知识产权经营，首先要了解知识产权的制度及其本质。以下仅做简单介绍，详情请咨询相关专业人士。

众所周知，每个国家的知识产权制度各不相同。知识产权制度下的保护对象以及知识产权的运用方式都不一样。

以专利为例，包括日本在内的多数国家在专利申请环节上都遵循"先申请"原则，而美国却遵循"先发明"原则。除此之外，应用环节中的仲裁制度及运用规则也因国而异，尤其在美国，他们采用陪审制度。

由于专利权仅在申请国具有效力，所以有必要在便于事业全球化拓展的国家，专利权行使便利且效果显著的国家申请专利并加以活用；并且，一个国家的知识产权制度及其运用规则是随着该国的产业政策改变而不断进行调整的，因此在发展事业时，必须在这些方面具有远见。

知识产权的种类有专利权、实用新型专利权、设计权、商标权、商业秘密、著作权等，以下就对于制造型企业而言较为重要的知识产权特征做相关说明。

◇专利权，是保护发明创造的权利，其特征是虽为有限权利但对于事业竞争力来讲是最具影响力的财产权，是一种具有独占性的排他权。并且，受到先申请和后申请的专利排他权的影响。

排他权是指，禁止权利人以外的人未经授权擅自制造、销售、使用（实施专利发明）该专利产品（专利方法）的权利。排他权仅在专利申请的范畴之内有效。因此，取得专利权的情况下，尽管可以禁止他人实施专利，但同时也意味着不能保证专利权人一定拥有实施该专利的权利，因为这取决于是否侵害了其他专利的排他权。例如，对某专利进行改良时，若该基本专利已申请覆盖面较大的排他权，则如果未经基本专利权人允许，己方的改良发明将无法实施。

与此同时，基本专利权人如果在改良专利的排他权范围内未经改良专利权人的许可，也不得实施改良专利的相关专利。

另外，专利权具有可能因新发现其他先行技术而失效的不稳定因素。所以进行权利行使时，很可能因注释有别，理解不同产生争议。

该特征在进行事业化推广及权利应用时最为麻烦，为了确保己方专利发明得以顺利实施，必须通过知识产权形成、应用、谈判、合同、诉讼战略等一系列环节确保竞争对手无法实施同一专利。

◇另一方面，受到著作权保护的计算机程序等软件，只要是独立研发成果，便不受其他著作权的影响，能够形成稳定的权利，因此比较容易进行商业化推广和权利应用。因为著作权本身具有对抄袭的排他权。

原创作品所呈现的形态是著作权的保护对象，值得注意的发明思路（技术理念）也是专利的保护对象之一。所以在申请专利和进行事业化推广时要注意不要侵犯其他专利的排他权。

◇商标权，有必要针对使用同一商标的不同产品分别申请。尤其是用公司名注册商标时，要考虑到未来的多元化、全球化发展，适时在国内外进行战略性的专利申请及维权。

商标权对增加企业品牌知名度最为重要。因为商标是保障企业信誉最为重要的经营资产，所以绝不容许抄袭。

◇设计权通过赋予企业商品统一的标志，同样也能达到提高企业品牌知名度的效果。此外设计权在打击盗版时具有及时性。

◇保护产品的形状，构造等微观发明的实用新型专利权也是抵制山寨品的有效权利。

◇商业秘密，是指有价值的商业信息、技术秘密（Know-How等），但这并不是被赋予的权利。只要商业机密处在有效保护之下未被公开，就是企业重要的经营资产。

与商业秘密相关的违法行为，可以根据反不正当竞争法予以追究。为此需要对商业机密进行严格管理。

不仅要建立防范外部入侵窃取信息的体制，同时还要建立防止机密从内部外泄的管理机制。如何保证辞职员工不泄露商业机密是一个难题。

并且，对商业机密的严格管理，也可能对传统日本企业保证研发效率的信息共享体制形成挑战。信息共享、精诚合作旨在达成目标的高效研发环境可能因此受到破坏。

在知识产权管理过程中，是选择以技术公开为代价获得专利权，还是选择作为商业机密保留下来形成事业发展的核心竞争力，是一个关键问题。根据不同的技术发明，要充分考虑到：可能会在诉讼过程被要求技术公开，该技术具有暂时的优势，还是通过逆向工程就能轻易解析？这些问题都需要慎重考虑。

作为商业机密保留下来的技术，一旦第三方通过正当途径取得专利权，那么己方就会受制于该专利的排他权从而无法继续进行专利实施。

这种情况下，虽然通过主张先行使用权也许能够继续使用该技术，但主张先行使用权需要举证，况且先行使用权并不能够保护发明本身，该权利仅对已实施或者预备实施的事业范围中，处在已实施或者准备实施状态下（的发明）有效；而且在国内的先行使用权也许不适用于国外，这点需要慎重考虑。

在理解了以上对于知识产权的本质解读之后，应该意识到，无论是独自将研发成果进行事业化推广，还是跟其他公司合作研发，共同进行事业化推广，都有必要确保己方事业在知识产权方面具有可持续性的优势。

具体而言，对专利进行有效的权利申请，应用操作以及与其他公司签订协议（保密协议、共同研究开发协议、委托研究开发协议、实施许可协议、共同事业协议、交易协议等）和进行谈判的能力尤为重要。

最理想的状况是由经营者自己来完成上述知识产权工作，但根据实际需要不妨从公司内外发掘优秀人才。

知识产权管理，要同时兼顾事业（对商品的预期）、研发（对技术的预期）、知识产权（对知识产权的预期）这三个方面（日常合作、紧密配合）。

作为整体的事业战略，应该在信息共享的基础上，从三个方面着手构建机制，而三方在其中各司其职、确保事业具有可持续的优势。

◇事业部门负责以技术和知识产权为基础进行战略部署，明确事业成功的必备要素。

◇研发部门则要以促进事业发展为前提，完成对基础技术（知识产权）、事业开发技术（知识产权）、事业发展技术

（知识产权）的攻关。

◇知识产权部门则要从知识产权的角度实施事业战略，创造事业成功所需要的知识产权环境。必须用发展的眼光，具有预见性地不断进行权利申请和权利实施。权利申请主要有两个目的，一是为了增强己方在事业发展中必备的知识产权绝对实力，二是为了增强己方在与同行竞争中不可或缺的相对知识产权实力。权利实施的目的主要是对本公司的知识产权实力进行优化，扬长避短。

对于存在多个事业部门的公司，知识产权部门要成为各事业部门间横向沟通的纽带，在此基础上，一定要具备全公司战略视角，不能受限于某个事业部门。

为了能够在知识产权管理过程中，积极开展上述工作，需要在全公司范围形成知识产权意识，提升知识产权部门的干劲，强化知识产权敏感度，并且要创造能够开展战略性知识产权工作的良好环境。此外，对于战略性知识产权工作的激励及长效评价制度的建立也很重要。

以上，虽略有繁赘，却是我个人从知识产权角度出发对知识产权经营过程中总结的一些感悟。

最后，本书承蒙社团法人发明协会月刊杂志《发明》总编辑原泽幸伸先生的关照及鼎力协助最终得以出版。富冈有限公司代表取缔役社长富冈康充先生与我在诸多问题上都有共识，并引导此次访谈顺利进行，对此我深表谢意。同时也对关切企业，尤其是中小企业发展，并对知识产权经营寄予厚望的原泽幸伸先生致力于本书付梓表达我最诚挚的谢意。

丸岛仪一

二〇〇八年三月